视觉飨食

高人气餐厅设计实战指南

Visual Appetizers

高色调文化 —— 编著

金城出版社
GOLD WALL PRESS
中国·北京

图书在版编目（CIP）数据

视觉饕餮：高人气餐厅设计实战指南 / 高色调文化
编著. —北京：金城出版社有限公司，2023.10
ISBN 978-7-5155-2364-4

Ⅰ.①视… Ⅱ.①高… Ⅲ.①饮食业－商业经营
Ⅳ.①F719.3

中国版本图书馆CIP数据核字(2022)第189299号

视觉饕餮：高人气餐厅设计实战指南

出 品 人	丁　鹏
编　　著	高色调文化
策划编辑	张　清
责任编辑	李明辉
责任校对	岳　伟
责任印制	李仕杰
开　　本	889毫米×1194毫米　1/16
印　　张	15
字　　数	240千字
版　　次	2023年10月第1版
印　　次	2023年10月第1次印刷
印　　刷	深圳市和谐印刷有限公司
书　　号	ISBN 978-7-5155-2364-4
定　　价	198.00元

出版发行	金城出版社有限公司　北京市朝阳区利泽东二路3号　邮编：100102
发 行 部	(010) 84254364
编 辑 部	(010) 64391966
总 编 室	(010) 64228516
网　　址	http://www.jccb.com.cn
电子邮箱	jinchengchuban@163.com
法律顾问	北京植德律师事务所 18911105819

目录_

前言

001　人气餐饮品牌的关键：
　　　帮助客户呈现一个真实的品牌

Chapter 1
小巧玲珑必吃店的设计核心——如何做好品牌个性

010　温柔可爱少女风的面包咖啡馆
　　　Wypiekarnia Kawa & Wypieki

018　"孩子气"的顽皮咖啡馆
　　　Motín

026　简约而优雅的亚洲家庭式餐厅
　　　Taikin

032　藏身于公寓楼的阁楼式咖啡馆
　　　Lights in the Attic

036　仿若在海边享用平民美食
　　　Fugu Fish Bar

042　在古典童话中落脚
　　　That's Toast

Chapter 2

形形色色打卡店的重点定位——营造品牌空间的 IP 氛围

051 美食盛宴的外卖实体店
Roll Club

058 充满活力的印度风情餐厅
Amara

067 港式健康饮食与民间文化的交汇
醒狮

074 洋溢着法国乡村氛围的越南餐厅
Café Marcel

080 地中海餐厅的健康秘诀
Olenna

086 乌克兰啤酒烤肉餐厅
REBERBAR

094 意大利文化的复古餐厅
BERGAMOT

100 邂逅彩色的"忘忧岛"
El Kapan

106 桀骜不驯的艺术餐厅
Giulietta

Chapter 3

门庭若市分店的畅销考验——吸引人气的设计秘诀

115 日式传统建筑的快餐空间
Nobi Nobi

120 集结对美好事物期待的日式餐厅
Waku Waku Burger

126 闻着咖啡的香味醒来
Blend Station

132 来自首尔的文化遗产
新村站着吃烤肉

138 当可爱的兔子变成豆腐西施
Umeno Café

144 在浪漫的波多尔体验韩国街头美食
Bibibap

150 一场属于老北京的沉浸式用餐体验
四世同堂

158 可以吃的岭南文化"博物馆"
大鸽饭

166 站在味蕾的高塔上
笨猪跳

170 在回乡探亲的旅行中收获灵感
Bànội

176 沉浸在台湾的好山好水之间
牪客

Chapter 4

人气网红店的持久卖点——地标文化特色与建筑空间的融合

184 甜蜜而浪漫的诗意餐厅
TE EXTRAÑO, EXTRAÑO

192 奢华与质朴在越南西贡的云端相遇
Blank Lounge

198 走进考波什堡的艺术花园糕饼店
Gard'Ann Cukrászda

204 奔赴自由的墨西哥温情庇护所
Micaela Mar y Leña

212 艺术和烹饪理念一体的时尚餐厅
SOMOS

对话设计师——人气餐饮品牌设计 Q&A

222 在社交网络背景下，
餐饮品牌的营销面临着怎样的挑战？

225 在社交网络时代，
设计一个成功的餐饮品牌最重要的是什么？

229 如何帮助客户通过社交媒体和官网进行品牌营销？

230 索引

232 致谢

前言_

人气餐饮品牌的关键：
帮助客户呈现一个真实的品牌

文/ BIENAL 艺术设计工作室［墨西哥］

小巧玲珑必吃店的设计核心
如何做好品牌个性

我们认为创建餐饮品牌的最好方法是，不去创造只有 Logo 的空洞品牌，而是去构建有效的品牌识别系统。就像人的身份一样，品牌识别系统也可以自由生长、进化、并随着时间改变，长寿品牌的活力也正是来源于此。"品牌"（branding，也有烙印的意思）这个词来源于往牲口身上打烙印的做法，是个固定不变的标记。我们不相信固定不变的标记，更相信流动的印象、生动存在的表达方式。

一个小的餐饮品牌创始人，其实可以把自己的餐饮理念表达得更自由、更打动人，因为它涉及更少的人员，不会有无穷尽的分析决策压力让人裹足不前，有更大的机会去与消费者面对面进行真诚地沟通。我们认为一个成功的品牌识别系统，应该鲜明地突出餐厅创始人的个性。一个餐饮品牌越能代表创始人，我们相信它就越能取得成功。

对于小巧玲珑的餐厅来讲，更是如此。

一切都关于毫不掩饰展示你是谁，以与你的客人创造一种真诚、温情的联系。实际上，这也是当今每个人急于寻找的东西：真实和联系。

> 形形色色打卡店的重点定位
> 营造品牌空间的 IP 氛围

对于 IP 餐饮品牌，我们的建议也许与其他设计师相反。我们的创造过程可以总结为一个词：直觉。对我们来讲，一切都基于这几点：文化语境、客户，尤其是常识。不管当下的潮流和竞争如何，我们聚焦于帮客户传达出真正的品牌个性。我们坚信我们想要的东西都已经存在，灵感会随着我们动手的每一步产生。想要有新的发明，想要不落俗套，最好的办法是融合。融合不同的文化、元素、想法，从我们已经拥有的东西中创造出新意。当然，我们无法创造新的色彩，但至少我们可以把不同的色彩混合，从而创造出独一无二的色调。

这种概念和想法的结合，可以帮助我们不受知识产权的困扰，同时又有新的表达方式和独特的创意。我们的职责，不是追赶潮流和趋势，也不是努力让自己变得酷炫，而是努力还原自己——帮助客户更好地表达和呈现真实的自己。对于 IP 品牌来讲，这意味着你要为它们创造一个不同寻常的时刻、一个充满冲击力的时刻。这个不同寻常的东西向人们重拳出击，确保他们一次就能记住这个品牌。当然，IP 品牌不需要你特立独行，忘掉此时此刻同行设计师在做什么，你只需要思索如何用最深刻且有效的方式，去真实地反映客户品牌的灵魂精髓。毕竟，一家餐厅不仅是个就餐的地方，一家酒店也不仅是一个落脚歇息的地方。一个融会贯通了如此理念的品牌识别系统，一定会取得成功。

> 门庭若市分店的畅销考验
> 吸引人气的设计秘诀

创作的方式偶尔会有重复的地方，但是真诚、热情和诚信是我们面对客户的重要出发点，这在任何行业领域都一样。很多方案没有完美的标准，但是我们坚信，质量永远是胜于数量的，这也是所有客户都非常肯定和重视的一点。

我们坚信，基础元素的融合会创造出新意。第一个基础元素是关于叙事的，也就是阐述品牌背后的故事。一个真实的品牌个性，就像人的个性一样，是可以成长、建立联系，也可以进行试验、扩展的。这为我们带来了第二个基础元素——艺术。一个拥有艺术 DNA 的品牌，一个能传递荒诞感，以及超乎实用、功能性之外惊喜感的品牌，更有可能造成影响力。一个勇于表达自己、超越自身产品的品牌，才能够与受众人群产生共鸣。

> 人气网红店的持久卖点
> 地标文化特色与建筑空间的融合

正如前面所说,我们喜欢的品牌和识别系统通常是有一个突出的传播策略,其中品牌的个性及其表达和扩展能力是最显著的。品牌应该解放自己,勇于表达真实的自我。

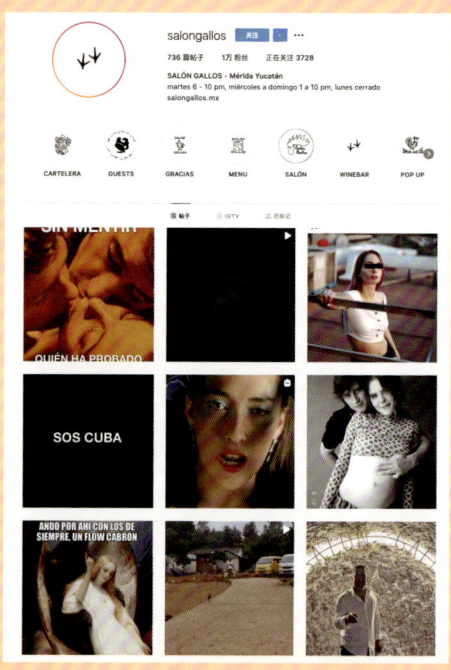

墨西哥小镇梅里达的 Salón Gallos 餐厅是我们作品集里一个很好的例子。他们家的 Instagram 页面就像是我们任何一位朋友的 Instagram 一样。它很接地气、与众不同,充满了各种表情包、笑话、艺术以及酷炫的图片,有时候也会发自家餐厅和美食的照片。这家餐厅的场地相当令人惊喜——它由一个废弃的麦片工厂改造而成,集餐厅、酒吧、艺术画廊、电影院为一体。

原本破旧的建筑结构和墙壁丝毫没有被改动,与现代的元素共生融合。只要走进 Salón Gallo 的大门,一种故事感便迎面扑来。这就是我们认同的优秀品牌识别系统设计,我们所有经手的项目都力图达到这样的标准。我们关注的不仅是各种平面设计,更是整个品牌识别系统传达出来的氛围,尤其是如何不知不觉地植入品牌个性。所以除了平面设计,我们还经常在品牌设计中融入自己关于音乐、艺术、哲学的思考,以及在身体和精神方面的独特体验。

Salón Gallos 餐厅的 Instagram 主页

Salón Gallos 餐厅的电影院,José García Torres 负责建筑设计

Salón Gallos 餐厅的艺术画廊,José García Torres 负责建筑设计

还有一些品牌传达为我们的灵感带来启发。一个是 Slow and Low 威士忌，它的 Instagram 账号聚焦于分享和体验不同的生活方式，产品更像充当背景板的角色。它像是一个旅行者正在进行令人羡慕的冒险旅行，与我们分享一些酷炫的瞬间。还有一个是 Ace 酒店，尽管它和食品行业并无多大关系，但它的 Instagram 账号内容让我们眼前一亮，主页里充满了艺术、哲学、奇妙瞬间、引人瞩目的文字片段，还有一些奇奇怪怪但令人惊叹的空景照片，偶尔可以看到一张酒店的掠影。这些品牌有一个非常成功的特点——相比向客户推销自家的产品，它们通过叙述自己是谁，成功地与客户建立起更加紧密的联系。

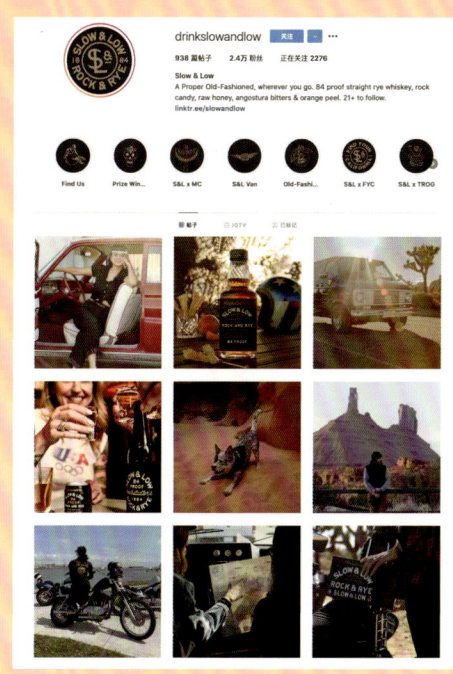

Slow and Low 威士忌的 Instagram 主页

Ace 酒店的 Instagram 主页

　　最后，还想谈一个我们工作室都很喜欢的 Instagram 账号，尽管它和食品行业无关。它是墨西哥百货商店 Galerías El Triunfo (@el_triunfo_mx) 的官方账号，里面充满奇奇怪怪的有趣东西，正好与它们古灵精怪的店铺个性相呼应。它的图片看似超现实、漫不经心，却又是用心制作的。除此之外，它还有时而严肃、时而搞笑的文案——尽管我们有时候也分不清这些文案是严肃还是搞笑。这是一个看上去用心而真实的社交媒体账号，这也是我们想要的品牌及其品牌传达所具有的特质：真诚、非正式、自由、真实。不害怕做自己，或者与潮流背道而驰，和大家分享自己真实的故事，呈现自己是谁、代表何种价值观。人们能与这些诚实、有趣、有强烈风格、自由的品牌产生真正的共鸣和联系。

Galerías El Triunfo 的 Instagram 主页

005

Chapter 1

小巧玲珑必吃店的设计核心——

如何做好品牌个性

品牌就像人一样有个性

在这个日新月异的全球大环境中，餐饮市场上出现了很多规则改变者。他们的出现改变了餐饮业，也改变了我们作为设计师处理案例的方法。从过去的餐饮物料设计（例如菜单和包装），到为了支持线上交易的社交媒体的新沟通策略和方式，再到实体空间——这一切都随着我们适应"新常态"的能力发生了改变。

品牌就像人一样有独特的个性，也像人类一样从概念诞生后就一直发生变化。作为一个创意工作室，Futura 力求给每一位选择我们的客户赋予独特、唯一的品牌个性。从早期的品牌工作到最后实体空间的形成，始终保持着品牌故事和个性的一致性，而不是提出一个迎合潮流或者行业趋势的解决方案。思索品牌故事与自身文化、社会语境相结合的全新呈现方式，关注世界时事和了解设计行业各分支的动态（建筑、艺术、时尚、音乐、电影等），调研过往的艺术运动，预测未来设计走向等，都会为我们带来灵感，最终让我们为客户创造出独特的品牌个性。

就像阿米特·哥斯瓦米[1]所讲，"一成不变的个性，无法创造新的现实"，一个人或一个品牌只有不断进化，才会有新成果。

[1] 阿米特·哥斯瓦米（Amit Goswami），美国量子物理学家和科普作家，著有《量子创造力》等。

文/Futura［墨西哥］

Futura 品牌工作室团队

小而精的餐饮业的设计核心——如何建立良好的品牌个性

对于小而精的餐饮业，我们专注于老板和他们的团队个性、他们是谁、他们的客户。

他们的品牌个性应该始终反映他们的商业目标，补充他们的商业模式、他们的文化和真诚。记忆力和一致性对于新品牌来说尤其重要，餐饮业的竞争相当激烈，品牌需要脱颖而出才能被记住。

我们总是列举一些形容词来描述理想的品牌个性，如"活力""年轻""便宜""便利"和"热情"，或"优雅""高档""精致"却"友好"等，来理解良好的品牌个性。切记要始终保持固有商业模式：他们的起源、产品类型，他们的专长是什么，产品质量、价位怎么样；还要针对目标客户的喜好、周围餐饮业的商业模式、当地居民的习性。

一旦我们有了明确的品牌个性，就可以开始分析品牌 DNA。品牌个性和品牌识别实际上是两个不同的概念。品牌识别是品牌个性的体现，如 Logo、色彩方案、排版、语气、包装、内部和外部设计等。想想看，假设你的品牌是一个人，他如何穿着、行动，并提高一个档次，从而让他从人群中脱颖而出。这就是我们希望品牌被看到和认可的方式。

为小而精的餐饮业建立一个品牌其实是很有趣的，我们有更多的自由、更少的限制，有时结果会有点叛逆性。忠于自己的商业模式和文化，不要自命不凡。

文/Hue Studio［澳大利亚］

Hue Studio 品牌工作室的创意总监 Vian Risanto

成为餐厅的一部分

　　对我而言，作为一名设计师，将自己的想法植入餐厅，使其成为一家餐厅视觉表达和氛围感觉的一部分，简直是最诱人的自我创意探索方式。最终你会明白"品牌"并不是像设计一个 Logo 那么简单。

　　这是一个绝佳的、创造一段视觉叙事的机会。你通过运用各种不同的品牌元素，将视觉叙事融入餐厅，见证这些品牌元素与用餐者进行活跃的互动。从用餐者看见餐厅正门外墙的那一刻开始，餐厅品牌的视觉叙事就开始了：用餐者走进来，在餐桌前坐下，翻开菜单，拿起餐巾纸，欣赏来往服务员的制服，感受餐厅的每一处氛围，享受餐点，最后结算。

　　为了给小型餐饮空间创造优质的体验，设计师的工作并不是在递交打印图纸定稿的那一瞬间就结束了。还有一些事情也很重要：跟进图纸打印、色彩测试、物料材质选择，有可能的话还需要和空间设计师紧密合作，在施工前后和过程中不断检查，了解餐厅即将搭配何种家具和装饰细节、空间视觉在白天和夜间的呈现效果、自己规划的色彩搭配和设计细节会随着光照色温的变化如何反应。

　　这些瞬间都是设计师用作品创造良好影响力的机会，它们也可能在较长时间内成为餐厅团队的美好回忆。就我个人而言，这些便是品牌设计的意义。根据我的个人经历，设计师在整个施工过程中，参与度越高，越注重细节和修改，最终设计呈现的效果就越好。当然，参与整个流程是相当费时的，为了不造成虎头蛇尾的结果，设计师应当给自己充足的时间去思考设计概念和完善设计在实物上的应用，避免因时间仓促而导致牺牲品质，造成不良后果。

⟶　　　　　　　　　　　　　　　　　　　　　　　　　　　　　文／Oscar Bastidas ［委内瑞拉］

品牌设计师 & 艺术指导 Oscar Bastidas

● 波兰咖啡蛋糕

温柔可爱少女风的
面包咖啡馆
Wypiekarnia Kawa & Wypieki

Facebook：facebook.com/wypiekarniapoznan
地址：Kościelna 17/U4 60-536 Poznan, Poland

品牌设计 ↗ Kommunikat（Natalia Żerko、Kuba 'Enzo' Rutkowski）　　**空间设计** ↗ Ula Kaczmarek　　**摄影** ↗ Pion Studio

顾客留言

Justyna Kecher：
我们点了洗礼蛋糕和奶酪蛋糕，两个蛋糕都做得精致好看，好吃得不得了。我衷心推荐这家店，因为这里的蛋糕是用心做的——你能在每一块蛋糕上看到、感受到这种用心。

Agnieszka Rogozińska：
超棒的店！室内设计特有气氛，从大门入口开始就让人着迷。这家店不大，因此给人温馨的感觉。还有，蛋糕味道太正了！

010

Wypiekarnia 款式多样的手作糕点

Wypiekarnia Kawa & Wypieki 是一家颇具少女风的面包咖啡馆，位于波兰波兹南市。波兹南是波兰古老的城市，慢节奏、舒适的生活方式让它被不少报纸杂志评为生活体验最好的城市之一。Wypiekarnia 仅有 42 m²，团队在店主 Kasia 的带领下，慢工出细活，每天为客人烘焙款式多样、美味可口的蛋糕、饼干、馅饼等东欧家庭手作糕点，并提供芳香的咖啡和果汁以及物美价廉的早餐。Wypiekarnia 温柔可爱的品牌个性和空间氛围吸引了很多网红博主和女性客人前来拍摄和打卡，波兰生活美学杂志 *Label Magazine* 也力荐其为波兹南最值得光临的场所之一。

店主 Kasia

011

Kommunikat 设计谈

Kommunikat 是位于波兹南市的品牌工作室,擅长品牌识别系统、Logo、包装、印刷品和网站等设计和制作,作品常获 Behance 网站首页推送。

营造温柔而可爱的品牌个性

在我们接手 Wypiekarnia Kawa & Wypieki 的品牌设计时,它的空间设计已经开始进行了。Wypiekarnia 的空间设计团队力图营造出一种轻松自然、可爱温柔的个性,主要空间设计元素由粉色的墙面、零星点缀的绿色植物盆栽、圆形的大型镜子,以及白色的方格金属网构成。

镂空的白色金属网是空间最吸引人的设计元素之一,不仅能悬挂盆栽和镜子,而且充当了分割就餐区和厨房区的半透明墙面,减少咖啡馆与客人的距离,增加空间轻松、亲密的气氛而不显压抑。

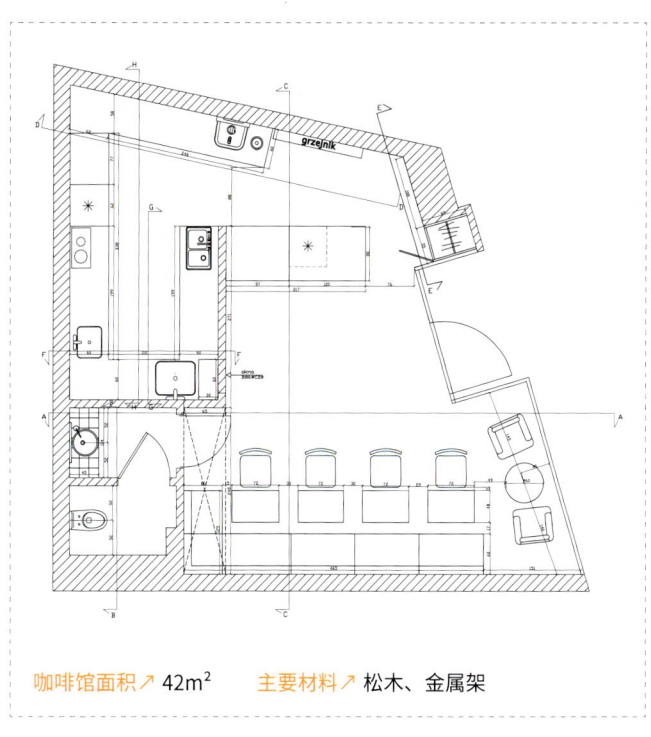

咖啡馆面积↗ 42m² 　　主要材料↗ 松木、金属架

Wypiekarnia 品牌设计的元素受到咖啡馆特色糕饼和空间设计的启发。我们尽可能理解咖啡馆创始人 Kasia 家庭烘焙的餐饮理念，并把 Kasia 给人的温柔印象也作为参考，创造出一套吸睛、明亮和好玩的视觉识别系统。

Wypiekarnia 品牌设计的切入点是 Logo。Logo 带有柔和线条感的圆形图样，也是整个品牌设计最大的亮点。Logo 在视觉上模仿了蛋糕的形状，就像用糖霜在蛋糕上画出一样，符合咖啡馆引以为傲的家庭烘焙糕饼以及手工制作的室内空间元素，比如圆形的镜子。Logo 圆润的形状综合了所有我们想让客人感受到的视觉印象，比如在他们看着菜单的糕饼，或透过巨大玻璃窗看到店内的空间氛围，或看见那盏 Logo 霓虹灯时会产生类似的视觉印象。

柔和、圆润的字体设计和其他的品牌设计元素，比如微妙的手画线条和柔和的色彩，都传达了厨房柜台稍嫌凌乱的印象，反映了咖啡馆可爱而温柔的家庭烘焙个性。

品牌主色调

R 255 G 215 B 235	R 75 G 205 B 205	R 28 G 82 B 97	R 255 G 255 B 255
C 0 M 20 Y 0 K 0	C 48 M 0 Y 23 K 0	C 90 M 55 Y 47 K 28	C 0 M 0 Y 0 K 0

017

● 墨西哥咖啡餐食

"孩子气"的顽皮咖啡馆
Motín

官网：www.motin.mx
Facebook：facebook.com/motinmx
地址：Tabasco 311 06700 Mexico City, Distrito Federal, Mexico

品牌设计 ↗ Futura　　**空间设计** ↗ Solvar　　**摄影** ↗ Rodrigo Chapa

顾客留言

Daniel Acevedo：
一个非常舒适的地方，从看菜单上不同品类的食物开始，这里的一切就让你惊喜连连。超级美味的熟食，真棒。

Krista Powell：
这里有我目前为止在墨西哥城吃过最美味的法国面包。除了可口的食物，服务也是无懈可击。我一定会尽快再来光顾的！感谢！

Motín 位于墨西哥城市中心著名的 La Roma 街区，这个街区大多是 20 世纪初的建筑，各色精品小店、咖啡馆、餐厅数量繁多。Motín 就是其中颇具个性的咖啡馆，它是 La Roma 街区人气咖啡馆 Quesería de Mí 的创始人新开的一家风格不同的咖啡馆，其 Instagram 拥有 13000 位粉丝。

La Roma 街区的老建筑，图片来自维基百科

Motín 的餐饮理念是为客人提供健康、时尚的咖啡和美食，以及几分顽皮意味的舒适环境，它的全日制早餐融墨西哥、欧洲和美国菜式为一炉，如搭配意大利奶酪和蓝莓的煎饼，以及阿萨伊果实调制的甜品。墨西哥著名建筑设计杂志 Architectural Digest Mexico 评价 Motín："在 La Roma 这样一个餐饮品牌林立的街区里，很难再发现什么新意。但这个地方做到了！"

Futura 设计谈

Futura 品牌工作室由设计师 Iván 于 2008 年在墨西哥创立，擅长品牌设计、字体设计、插画、摄影、纪录片等创作领域。

在为成年人服务的咖啡馆营造童气的氛围

Motín 是墨西哥城人气咖啡馆 Quesería de Mí 创始人的另一家咖啡馆，我们主要负责 Motín 的命名和品牌设计。

当着手为 Motín 创造视觉识别系统时，我们希望赋予它一种独特的品牌个性，这种个性能让它屹立于这片以丰富多彩的餐饮品牌而著称的街区。我们尝试设计一个新奇、现代和年轻的全新品牌，同时让这个品牌具有宾至如归的舒适感。客人不仅可以在 Motín 种类丰富的菜式中找到这种舒适感，也可以在品牌的设计中感受到。

从这点出发，Motín 在视觉识别系统上应用富有活力的蓝色和粉色搭配，并以插画的形式创造了一只顽皮而贪吃的胖仓鼠。这只胖仓鼠看上去就像要偷走客人的食物一样好玩，放松用餐客人的情绪，于是，这只贯穿在整个品牌设计的胖仓鼠成为最大的视觉亮点，也是客人记住 Motín 的重要视觉符号。

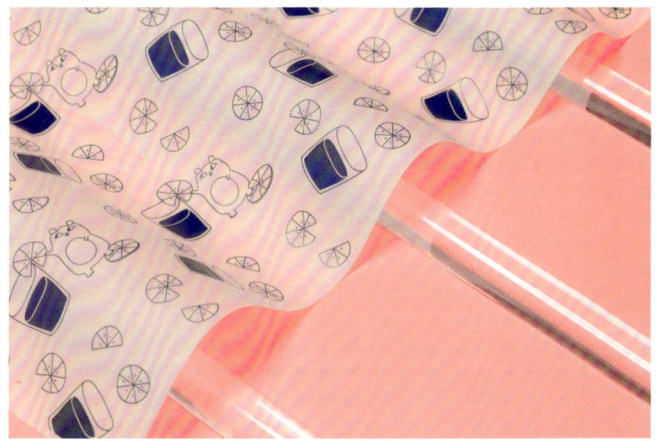
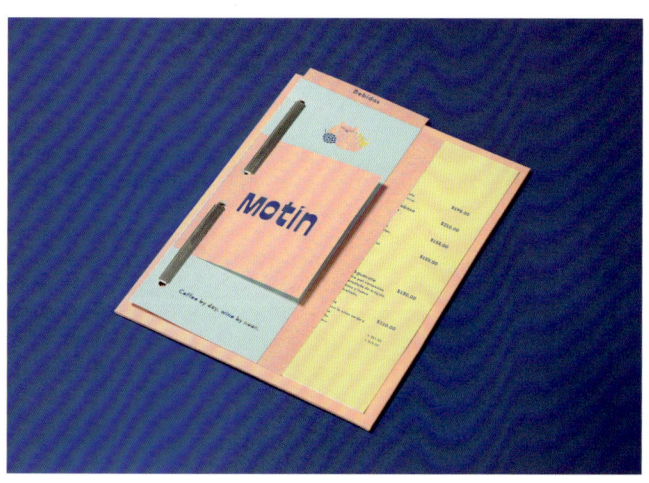
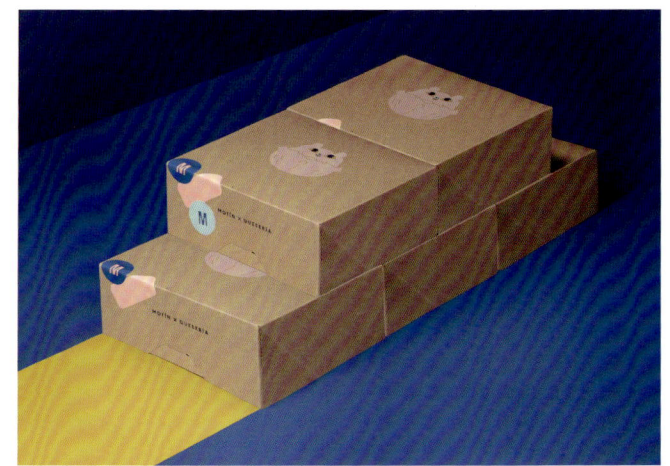

品牌主色调

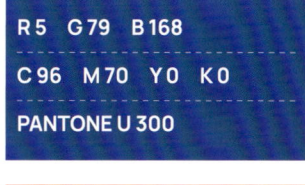

胖仓鼠元素插画

021

在空间设计上，我们与室内设计工作室 Solvar 合作，把舒适而好玩的孩子气品牌个性融到咖啡馆的空间，以此创造一个让人宾至如归且色彩缤纷的环境氛围。这个空间能立即让客人有分享到 Instagram 的念头。我们希望把空间设计得异常吸睛，而再没有比粉色和蓝色更能衬托这个空间环境的色彩了。

老实说，我们也不确定 Quesería de Mí 创始人是否愿意接受彻底颠覆她第一家咖啡馆品牌的做法，也不敢笃定她是否愿意为这家新咖啡馆冒险一试。另外，在一个为成年人服务的地方使用"孩子气"的插画也是一种冒险。但最后一切都迎刃而解了。

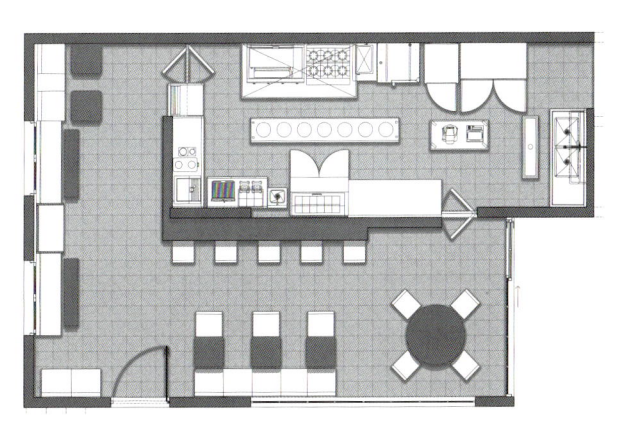

咖啡馆面积 ↗ 75m²
主要材料 ↗ 杂木、Tzalam 木材、胶合板、皮革

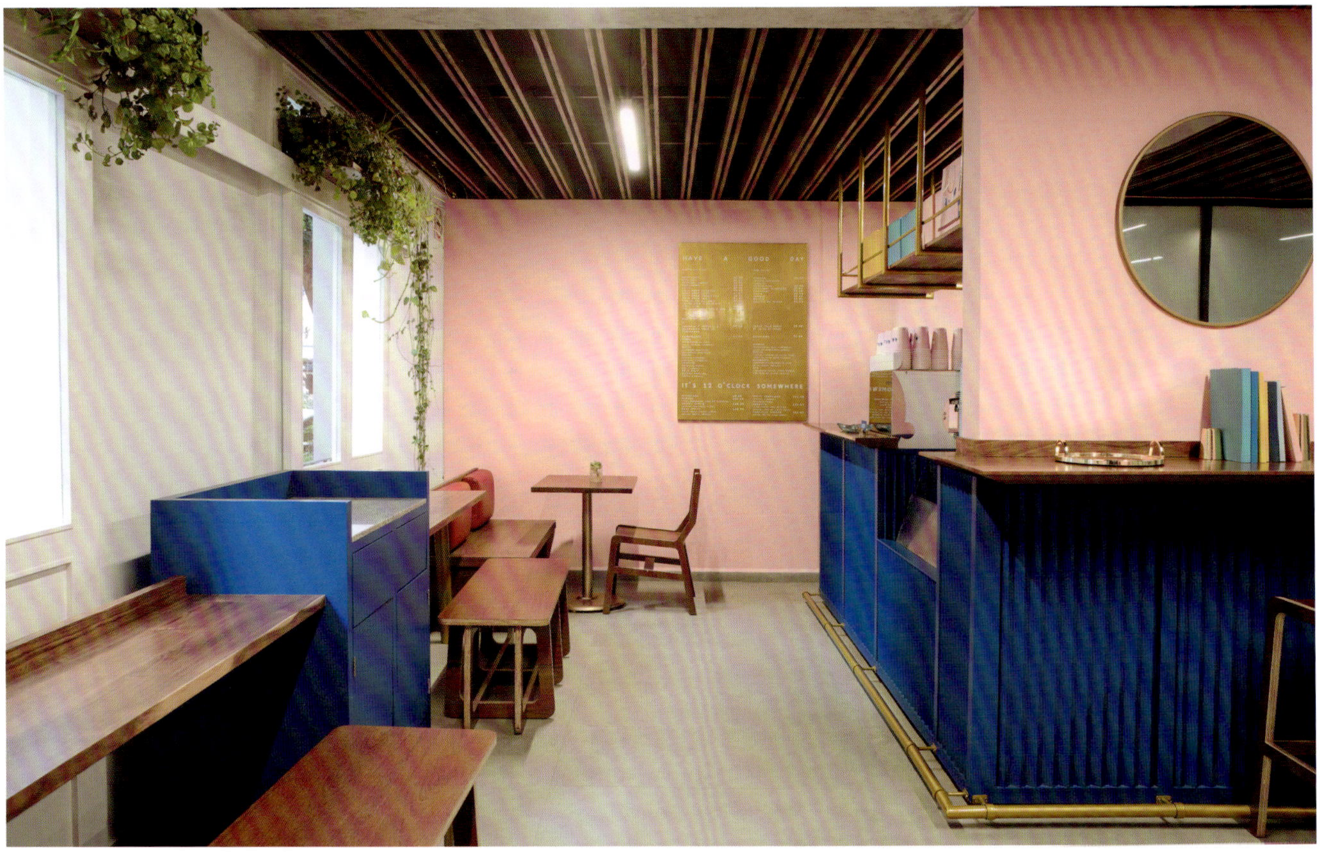

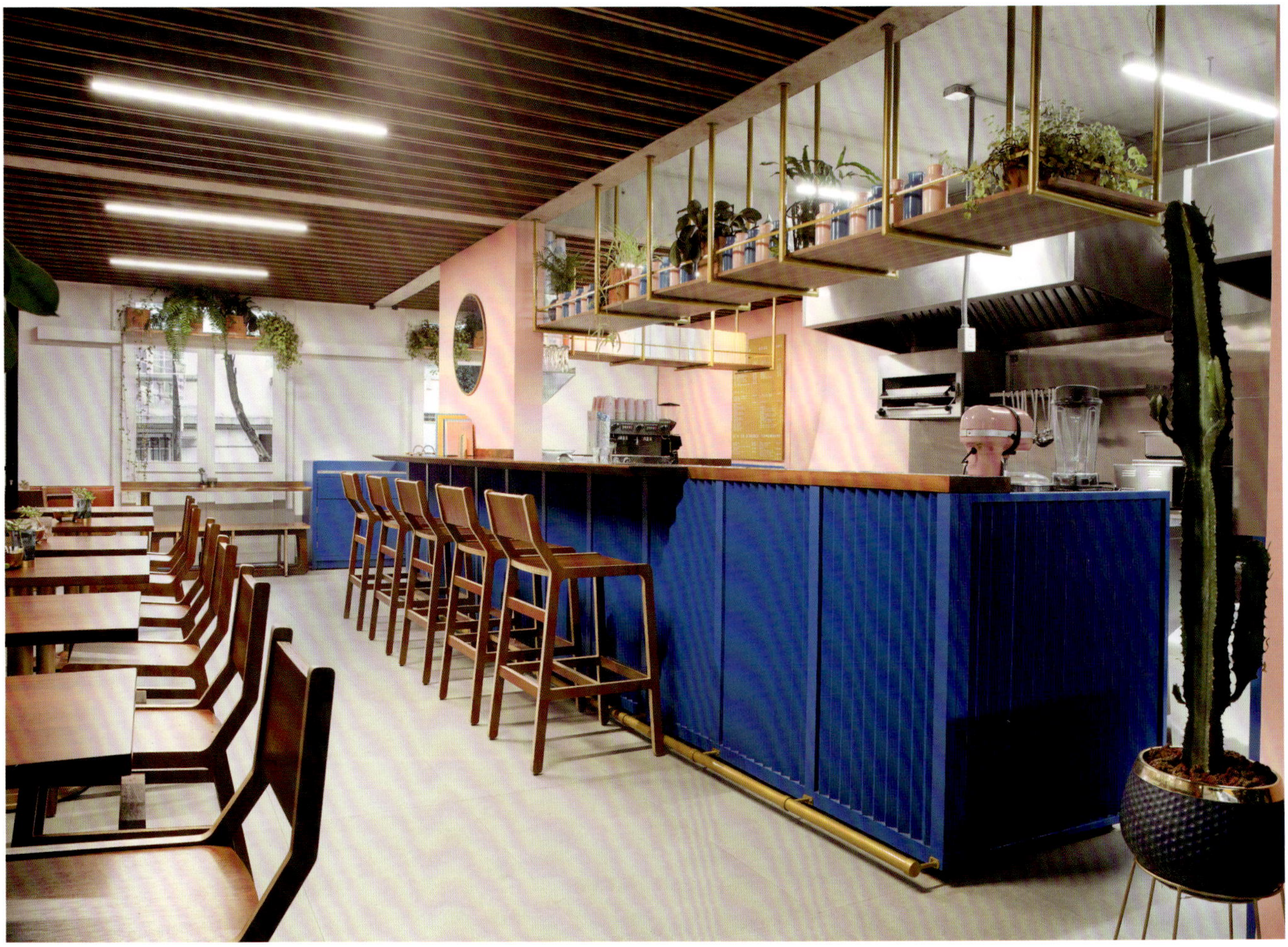

- 亚洲和拉丁美洲的混合菜   - Instagram 215000 粉丝

简约而优雅的
亚洲家庭式餐厅
Taikin

品牌设计 ↗ Oscar Bastidas
空间设计 ↗ Oscar Bastidas、Benigno Armas
摄影 ↗ Oscar Bastidas

官网：www.taikinrestaurant.com
Facebook：facebook.com/TaikinAsian
地址：7450 NW 104th Ave C-101, Doral, FL 33178, America

Taikin 是一家简约而优雅的餐厅，位于美国佛罗里达州多拉市中心，邻近美国首屈一指的海滩度假胜地——迈阿密海滩，距离当地大型名牌购物中心和高尔夫度假村仅有十分钟的车程。餐厅名"Taikin"是日语"大金"的英文，含有财富的意义。

Taikin 的创始人是一位日本文化爱好者，餐厅烹饪风格偏亚洲和拉丁美洲的混合风，兼具日本、泰国与秘鲁、委内瑞拉、巴西的美食特色，厨师采用真空低温烹饪法[1]，最大限度地保留了肉类和果蔬的营养、香味、颜色，然后当众用火烧烤，给客人以新奇的用餐体验。这种烹饪特色也让 Taikin 登上美国福克斯广播电视台的新闻报道，成为电视台力荐的当地风味餐厅之一。

[1] 真空低温烹饪法（Sous-Vide）：由法国米其林三星厨师首创，具体烹饪方法是将食物真空密封包装，然后将袋子放入热水中慢煮几小时甚至几天，目的是保留食物的原味和香料的香味。

顾客留言

Francelis Perez：
最好的亚洲美食餐厅，菜品多样，味道正宗，太用心了！如果你是一个严格遵守饮食特别规定的人，他们家还会灵活调整菜式以适应你的健康饮食风格！

Oriana Salas：
食物都看起来美味可口，想都不用想肯定再去。好在他们家的菜式多样。

Oscar Bastidas 设计谈

作为品牌设计师和艺术指导，Oscar Bastidas 生活和工作在纽约，他在担任 Crehana.com 网站的品牌设计老师的同时，也会进行平面艺术的创作，客户包括宝洁、动视暴雪、美国视频网站 Hulu、美国尼克国际儿童频道等。

关于日本妖怪传说的品牌视觉语言

Taikin 餐厅创始人委托我负责餐厅名称、Logo、菜单、餐具包装等品牌设计时，就已经明确了这是一家高端的家庭餐厅，其目标消费群体是各年龄段有品位的男女食客。餐厅的餐饮风格也已经有了，就是以亚洲菜系为主、拉丁美洲菜系为辅的混合菜色。因此，餐厅要求品牌设计需符合其亚洲为主的餐饮风格，且带有简约、优雅的视觉外观。

当时餐厅创始人刚从日本旅行回来，爱上日本妖怪传说中非常独特的狸猫。于是，我带着创始人的品牌要求和对日本的兴趣见解，开始详细地调研，包括在互联网上所有搜索引擎查询资料，以及多次参观佛罗里达州的日本文化与艺术中心森上博物馆和扶桑花园。我详细了解了日本的妖怪文化，这种文化在日本已存在几百年，有着数不尽的有趣故事，对日本的社会和文化产生了深远的影响。我试图寻找日本狸猫传说中最有意思且未被过度商业化的故事。

传说中，狸猫有超自然的能力，擅长变身，且性格亦正亦邪，其中有的狸猫行为举止跟日本一种长着人脸的蛇妖一样，有非常强的报复性；但更多时候，狸猫对人是友善的。日本传说中，人如果善意对待狸猫，它就会为对方带来财富。

之后在与餐厅创始人开会讨论中，我提出了与狸猫传说有关的名称"Taikin"，这是日文"大金"的英文名，"大金"在日文中意为大量的财富。创始人非常喜欢这个寓意，决定采用"Taikin"作为餐厅名，我也被授意以狸猫作为餐厅品牌设计的主要形象，并以日本传说中与狸猫关联的妖怪作为辅助形象，如蛇、九尾狐、狼、猫又[1]，尝试开发出一套关于狸猫传说的品牌视觉语言。

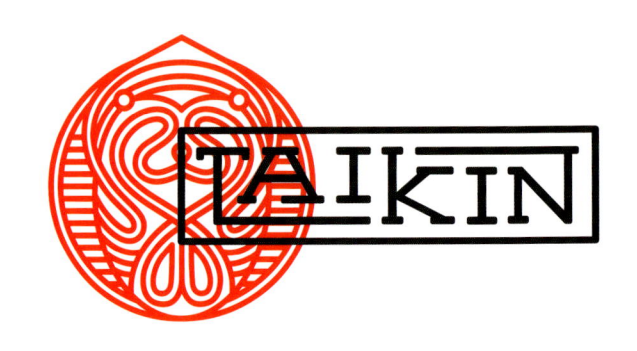

餐厅基于日本狸猫形象的 Logo

基于日本民间妖怪的品牌视觉故事

[1] 猫又（又可写作猫妖、猫股），是日本传说中的妖怪，通常分为两种：生活于山中者与由极老的家猫所变化而成者。

品牌主色调

R 255 G 255 B 255
C 0 M 0 Y 0 K 0

R 218 G 56 B 50
C 0 M 90 Y 95 K 0

R 1 G 1 B 1
C 75 M 68 Y 67 K 90

R 181 G 171 B 138
C 39 M 35 Y 73 K 6

R 226 G 217 B 204
C 21 M 18 Y 36 K 0

基于日本狸猫传说的插画故事

在进一步构思品牌设计时，我考虑到餐厅目标消费群体偏向有品位的中产阶级，所以我决定以狸猫为主的日本妖怪形象走简约的插画风格，并搭配尽可能少的色彩。此外，我也把餐厅的优雅融入充满线条感的插画风格中，以此重新诠释狸猫这个形象及其故事。

为了增加客人的用餐体验，狸猫的故事以插画和文字结合的形式贯穿在品牌设计中。客人从点餐时的菜单开始，到用餐筷子的包装、食物打包的纸袋，甚至在服务员的T恤衫上，都可以持续不断地看到狸猫的传说。甚至当客人进入洗手间时，也能看到一个完整的狸猫插画故事。

餐厅洗手间墙壁上完整的狸猫插画故事

根据建筑师 Benigno Armas 的设计，餐厅在空间设计上受到日本传统纸拉门的启发，采用木材作为餐厅墙壁的主要材料。但我们没有照搬纸拉门常规的图形样式，而是对这些图形样式进行解构和调整，以适应餐厅的墙壁大小，以此赋予餐厅一种传统的样貌。

此外，精心营造的灯光和氛围是空间设计中常被忽视的元素之一，为了让餐厅呈现一种更有戏剧性且优雅的空间视觉效果，我们也实验了好几种灯光的渐变、方向和强度。

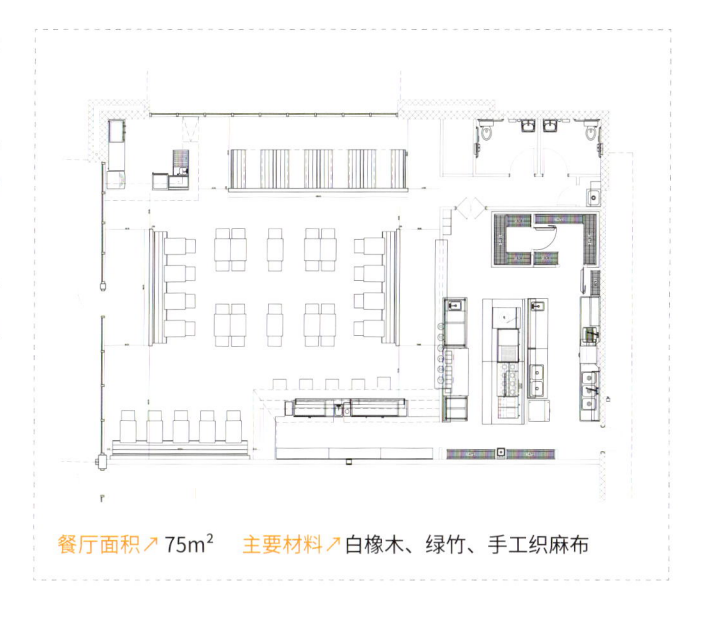

餐厅面积↗ 75m² 　主要材料↗ 白橡木、绿竹、手工织麻布

借鉴日本传统障子门的餐厅木制墙壁

031

● 亚洲风味咖啡简餐　● 提名 Eat Drink Design Awards 最佳品牌设计奖

藏身于公寓楼的
阁楼式咖啡馆
Lights in the Attic

官网：www.lightsintheattic.com.au
Facebook：facebook.com/LightsInTheAttic
地址：38 Camberwell Rd, Hawthorn East Melbourne, VIC, Australia 3123

品牌设计 ↗ Hue Studio（Vian Risanto、Adela Saputra）　空间设计 ↗ Architects EAT　摄影 ↗ Jave Lee

Lights in the Attic 位于澳大利亚墨尔本市传统的富人区霍桑东一栋公寓大楼内，其创始人是墨尔本餐饮业的资深经营人 Kevin Li，他在此之前已成功经营多家墨尔本餐厅和咖啡馆。不同于千篇一律的商业化咖啡馆，Lights in the Attic 富有年轻、阳光的品牌个性，致力于为公寓房客、年轻家庭以及商务人士、旅客，提供以传统澳大利亚早餐菜式和韩国口味混合而成的精致食物、优质的咖啡以及轻松愉快的就餐氛围。

顾客留言

Andrea McKenna：
今天的早餐真的绝了，咖啡和冰巧克力都超好喝，甜点也好吃得让人想哭！这家店能开在我家这边真的好开心！

Terry Ryan：
东西超好吃，服务也很贴心，每个店员都微笑着接待客人。他们家自制的枫糖烤燕麦片是我的首选，太赞了！

Hue Studio 设计谈

Hue Studio 品牌工作室由澳大利亚设计师 Vian Risanto 于 2005 年创立,精于品牌设计、包装、印刷工艺、网站设计、摄影等领域,曾获得包括墨尔本最佳小型设计工作室等多个澳大利亚和国际设计奖项。

→ 把昏暗的空间改造为现代、阳光的咖啡馆

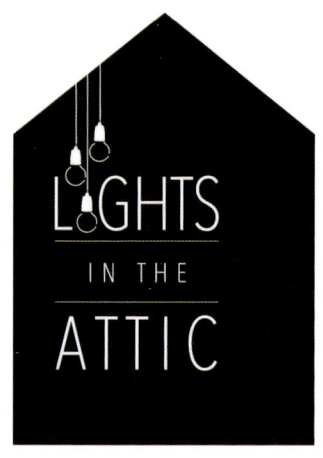

Lights in the Attic 咖啡馆现在的品牌和空间是重新设计的。之前的品牌设计和空间设计不仅在视觉上比较陈旧和千篇一律,而且彼此之间没有关联和统一性。因此,创始人 Kevin Li 委托我们和 Architects EAT 工作室分别改造咖啡馆的品牌和空间,以此创造出一个与室内空间、用餐体验紧密结合的餐饮品牌。

全新的品牌设计和空间设计,主要体现了创始人最初为新咖啡馆选址而来到这个空间的感受。据他回忆,当时这里什么都没有,整个室内空间非常昏暗,而裸露的低矮天花板让他想到了阁楼。他知道如果要在这里开咖啡馆,就必须增加采光,彻底照亮整个空间。因此,他为咖啡馆取名 "Lights in the Attic",意为阁楼的光线。

Architects EAT 空间工作室的设计就以光线作为主要的灵感,适当地增加落地玻璃门窗,以补充咖啡馆的室内采光。他们也结合咖啡馆创始人推崇粗犷却精致的视觉风格,裸露餐厅大部分的混凝土内墙,并进行了喷砂处理,部分墙面也用蓝色牛仔布料遮挡了。不仅如此,他们对咖啡馆四周悬挂的粗钢管进行了镜面抛光,而抛光的天花板则把人们的注意力从餐厅裸露的混凝土墙面吸引过来。

咖啡馆改造前的 Logo

品牌主色调

R 123　G 175　B 223
C 55　M 21　Y 0　K 0

R 248　G 200　B 183
C 0　M 28　Y 26　K 1

　　咖啡馆的品牌设计也受到咖啡馆名称的启发。我们把光线作为图形去设计，在视觉上模拟光线落在墙壁表面的效果，达到既简洁又不失独特性的视觉效果，并把这种视觉效果应用在全新的 Logo 上。

　　为了呼应空间设计中的抛光效果，我们不仅用印章把 Logo 印在咖啡杯上，而且在印刷时使用不透明的白色调，并以硬纸板作为主要的印刷材料应用到菜单、名片等品牌设计中。

　　值得一提的是，我们采用硬纸板作为主要的印刷材料，也是因为咖啡馆创始人要求在有限的预算内使用更多的印刷品。硬纸板不仅物美价廉，也比较环保，甚至当餐厅因更新菜式而替换菜单时也能更加经济。印刷纸制品时，我们也直接使用节约成本的数码印刷方式。

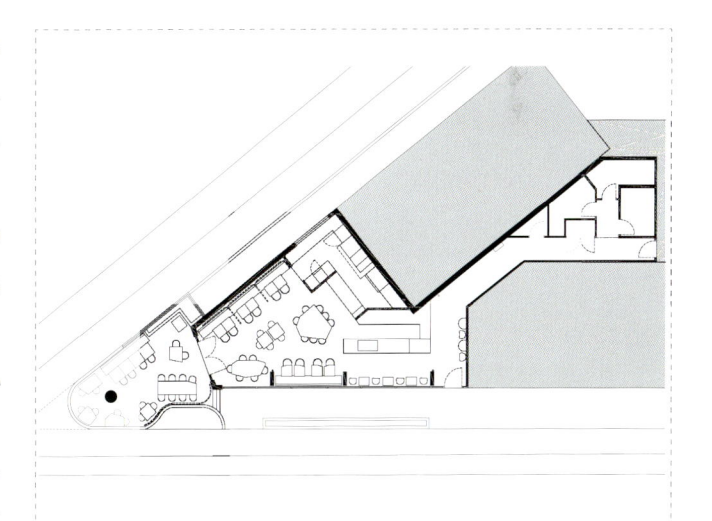

餐厅面积↗ 120m²　　主要材料↗ 粗钢、混凝土、蓝色牛仔布

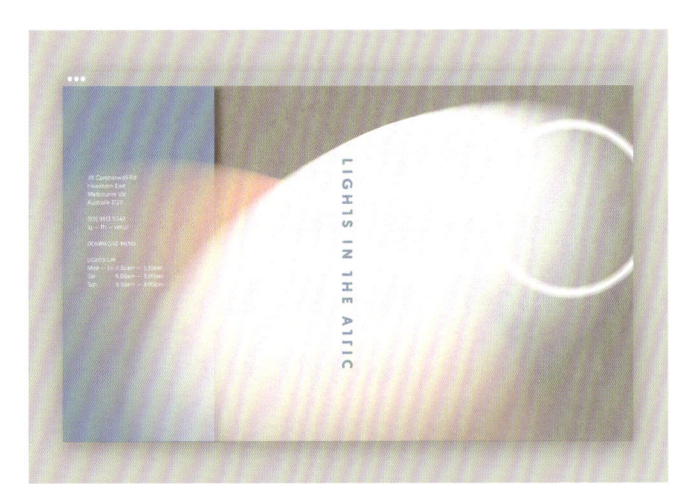

咖啡馆改造后以光线为灵感的设计

以印章把 Logo 印在咖啡杯上，呼应咖啡馆空间抛光的视觉效果

035

仿若在
海边享用平民美食
Fugu Fish Bar

品牌设计 ↗ Hue Studio（Vian Risanto、Vina Nurina）
空间设计 ↗ MNE Architects
摄影 ↗ Jave Lee

Facebook：facebook.com/FUGUFISHBAR

地址：11 Wests Road Maribyrnong Melbourne, VIC, Australia 3032

顾客留言

Melinda Bouquet：
强烈推荐这家。我们点的烤鱼新鲜、口感好，薯条、土豆饼和点心也一样，我的孩子们也很喜欢。考虑到这是外卖，孩子们点的烤鱼也能这么好吃，真是非常惊喜。谢谢你们提供这样可口的晚餐。

Amy Taylor：
这里的食材每一样都优质，味道和酱料完美协调……无疑这是真正用心的厨师所烹饪的。对于 Fugu Fish Bar，给再高的评价也不为过。极好的环境、服务和食物。

墨尔本是澳大利亚的历史文化名城，也是拥有众多亚洲和欧洲人口的海滨城市。Fugu Fish Bar 海鲜餐厅，就位于墨尔本郊外马里比诺区的一栋公寓楼内。马里比诺区距离市中心仅约 8 公里，这里交通、购物都很方便，当地人热衷于体育运动、各类节庆活动以及城市水上娱乐。Fugu Fish Bar 创始人的理念是，打造澳大利亚平民美食"炸鱼薯条"的新地标，致力于为当地男女老少的顾客提供品类丰富的炸鱼薯条、特色汉堡包、特制啤酒、清淡口味的小吃和配菜，以及热情周到的服务。

Hue Studio 设计谈

Hue Studio 品牌工作室由澳大利亚 Vian Risanto 于 2005 年创立,精于品牌设计、包装、印刷工艺、网站设计、摄影等领域,曾获得包括墨尔本最佳小型设计工作室等多个澳大利亚和国际设计奖项。

⟶ **创造前卫而有趣的餐饮品牌**

澳大利亚经典菜肴——炸鱼薯条,不论是这道菜肴的出现之初,还是随着时间推移的不断改良,Fugu Fish Bar 创始人始终觉得它不够完美。他创立的这家 Fugu Fish Bar 能够提供各种各样的炸鱼和啤酒,还有小吃和配菜,弥补了品类的单一。不管顾客是喜欢烤鱼还是炸鱼,在他们这里都应有尽有。创始人希望我们以既现代又质朴的设计为主导,让客人可以仿佛置身于海边,度过一个愉快的假期。

餐厅的命名及其品牌识别系统的灵感均取自日本河豚,也就是 Fugu Fish。日本河豚奇异的鱼鳞和变化的体形带给人想象空间。我们希望将河豚的奇异鱼形进行可视化并延伸为平面元素,从而创造出一套关于河豚的视觉设计语言。

品牌主色调

R 0 G 130 B 137
C 83 M 27 Y 42 K 1

R 242 G 142 B 122
C 0 M 55 Y 48 K 0

以日本河豚为图形灵感的餐厅 Logo

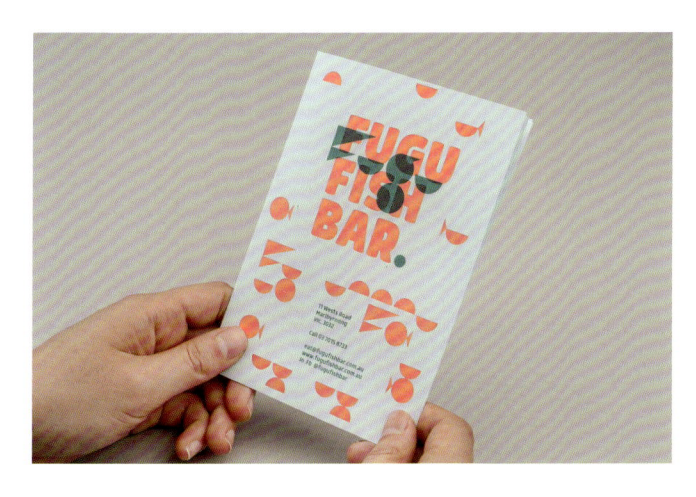

我们用来自日本的 RISO 印刷技术[1]来表达和创造这个前卫有趣的色彩品牌。RISO 印刷技术是现代印刷方式的一种，它的独特之处在于，在进行多色印刷任务时，会发生图案错位叠加的情况。而这一特征令世界各地的艺术家和设计师如获至宝，因为错版产生的多色叠印往往会带来意想不到的视觉效果。我们正是采用了这种有趣的印刷术来进行品牌设计，让纸质印刷品的色彩显得明艳且充满日本情调。

[1] RISO 印刷技术源自 RISO（原名 Risograph）印刷机，这种高速复印机符合油墨印刷系统，并以其制造商 Riso Kagaku Corp. 的名字命名。RISO 印刷机是为 20 世纪 80 年代中期的大批量复印和印刷而生产的，对于设计师和插图师在打样或自行出版漫画、杂志和书籍时非常有吸引力。

以日本 RISO 印刷技术制作出色彩明快的印刷物

039

在空间设计方面，我们与MNE Architects团队协力规划了菜单在墙面的布置、品牌元素的植入，以及品牌设计元素和色彩在室内外瓷砖、墙壁上的装饰性应用。让餐厅的空间设计能够体现一种既现代又富有乡村的风格，让客人能有在海滩休闲度假的惬意用餐体验。

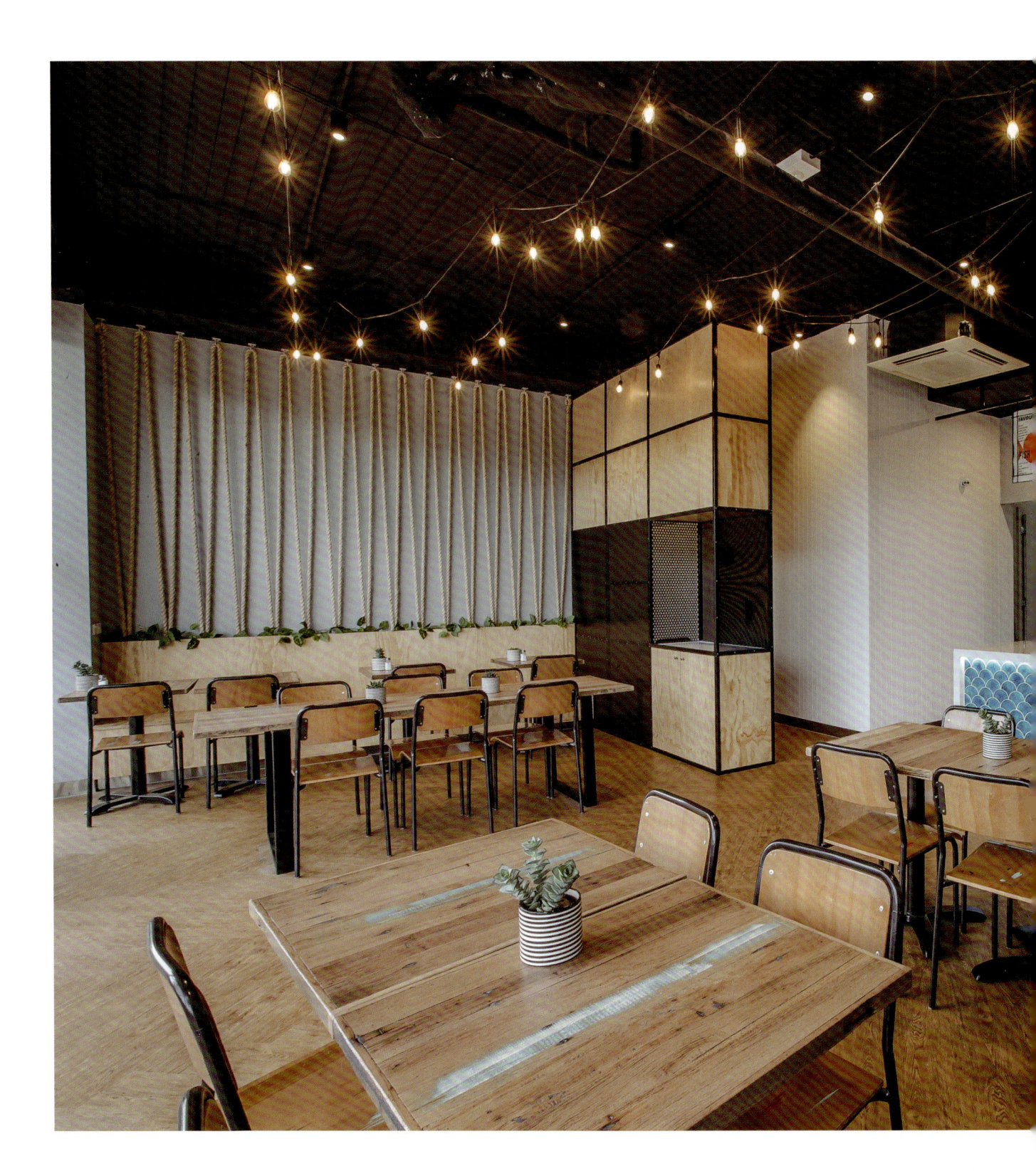

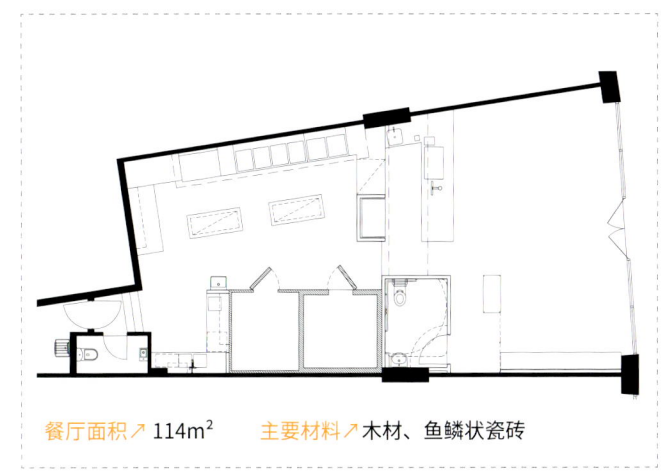

餐厅面积↗114m² 　　主要材料↗木材、鱼鳞状瓷砖

041

● 比利时简餐　● Indigo Design Award 设计大赛 Logo 组金奖、品牌组金奖和插画组银奖

在古典童话中落脚
That's Toast

Instagram 6477 位粉丝

官网：www.thatstoast.com
Facebook：facebook.com/thatstoast
地址：Dweersstraat 4, 8000 Brugge, Belgium

顾客留言

Dean Simpson：
在布鲁日停留四天后，我们找到 That's Toast。吃了这顿最好的早餐。食物和饮品真美味、新鲜。强烈推荐吃这一家！

Kristien Slangen：
超棒的早餐。格兰诺拉麦片是必点的，用酸奶酪和新鲜水果做成，分量大到超乎想象。服务热情，气氛温馨。

这是一家位于比利时布鲁日的早午餐餐厅，餐厅面积为 100 m²。布鲁日是一座美丽的古典童话式的欧洲城市，这里有风景优美的运河和幽深静谧的鹅卵石步道，因此，它在欧洲有"北欧的威尼斯"之称。That's Toast 坐落在这样一个美丽的地方，旨在以优惠的价格为年轻的情侣、家庭和注重健康饮食的新老顾客提供受澳大利亚、美国饮食习惯启发的食物和饮品，特别是吐司、手作咖啡和新鲜果汁。

品牌设计 ↗ Kinda Ghannoum
空间设计 ↗ Tjip（Jakob Vyncke、Thomas Meesschaert）
摄影 ↗ Kinda Ghannoum

Kinda Ghannoum 设计谈

品牌设计师 Kinda Ghannoum 毕业于大马士革大学建筑系，后在比利时专攻品牌设计领域，曾获得 Indigo Design Award、100 Best Arabic Posters 、Creative Chair 366 Awards 等国际设计大赛的奖项。

营造年轻而真诚的品牌调性

创始人为餐厅取名为"That's Toast"，原因在于吐司是餐厅供应的主要食物。餐厅主厨能够用普通又简单的吐司搭配蔬果沙拉等，制作出美味可口的菜肴，展现了吐司这种食物的烘焙空间和乐趣。餐厅的目标客户是 20—40 岁的年轻、时尚、热爱旅行且注重健康的群体，所以创始人的诉求是希望赋予这个品牌年轻、国际化且朴实真诚的特质。

基于创始人对其品牌的定位，最终确定了餐厅的品牌设计方案。通过 Logo、产品包装和插画装饰等传达一种简单而年轻的生活方式，区别于其他同类餐厅的品牌调性。

Logo 是本次设计的最大亮点。Logo 中多次出现字母"T"，这个字母形似吐司的形状，它的不断出现暗示了餐厅的食物特征。另外，带着趣味性的 Logo 字体设计也可以融入简洁的空间设计风格之中。

品牌主色调

R 255 G 255 B 255
C 0 M 0 Y 0 K 0

R 0 G 0 B 0
C 0 M 0 Y 0 K 100

餐厅面积↗100m² 主要材料↗陶瓷砖、金属框架、绿玻璃

That's Toast 的空间设计受到斯堪的纳维亚文化启发，餐厅外墙就是一面比利时的中世纪墙壁，留存至今的复古墙砖与现代简约的线条相互融合。为了把品牌设计融入餐厅的空间设计中，我们绘制了一系列关于 That's Toast 吐司家族的插画故事，并把这些插画卡通角色印在餐厅的墙壁上。餐厅每个餐区都画了一个吐司家族的故事。在餐厅入口，会看到他们一家正在玻璃窗上欢迎客人。进入餐厅后，除了布鲁日壮观的地平线映入眼帘外，餐厅墙壁上吐司家族成员的肖像插画也格外吸引眼球，它让客人感受到犹如坐在自己家一样的亲切和温馨。在最靠里的餐区，客人还会惊喜地发现，吐司家族的成员来自世界各地，这也象征着 That's Toast 这个餐厅团队的成员和客人均来自五湖四海。

布满整个空间的吐司家族的肖像插画

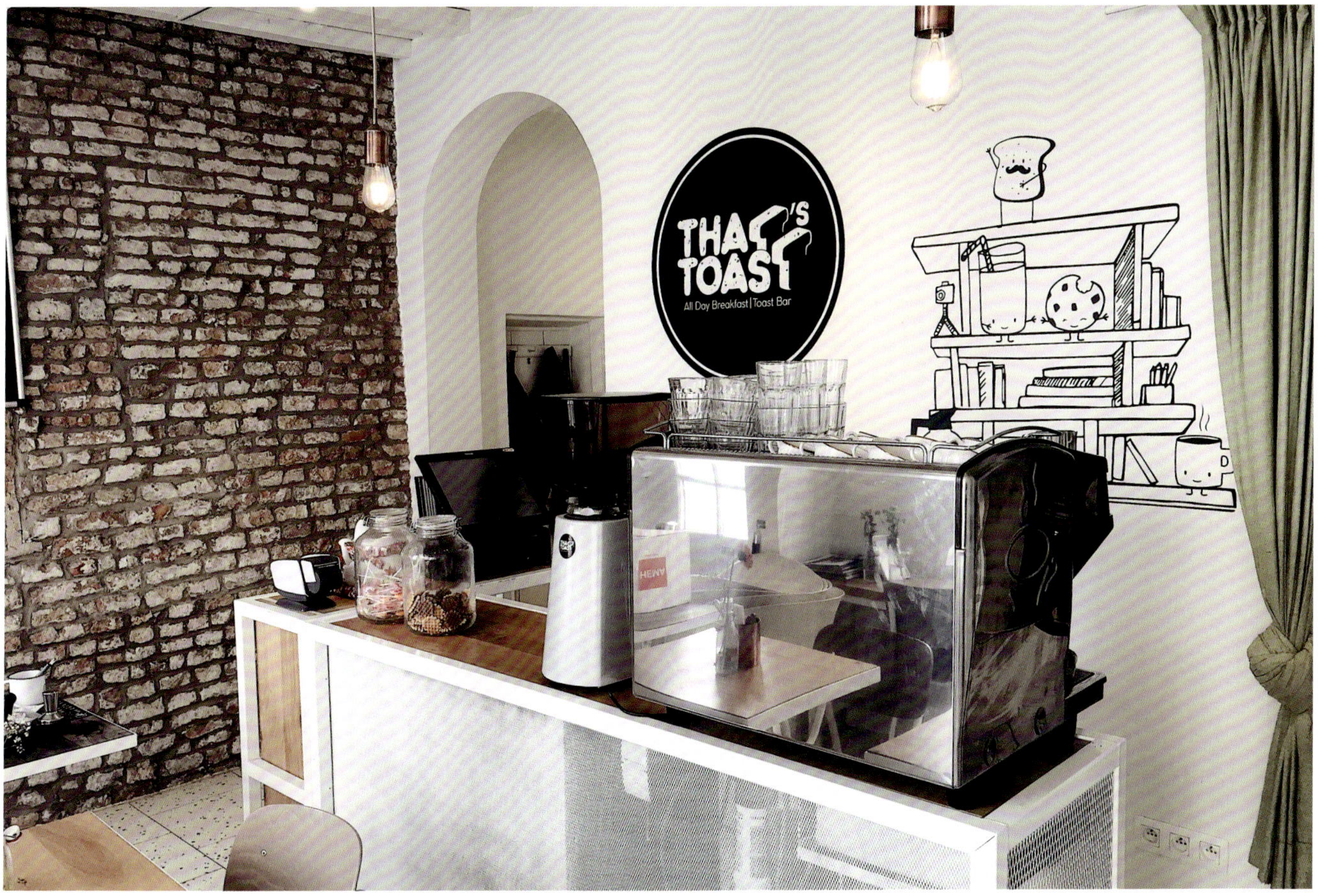
THAT'S
TOAST
All Day Breakfast | Toast Bar

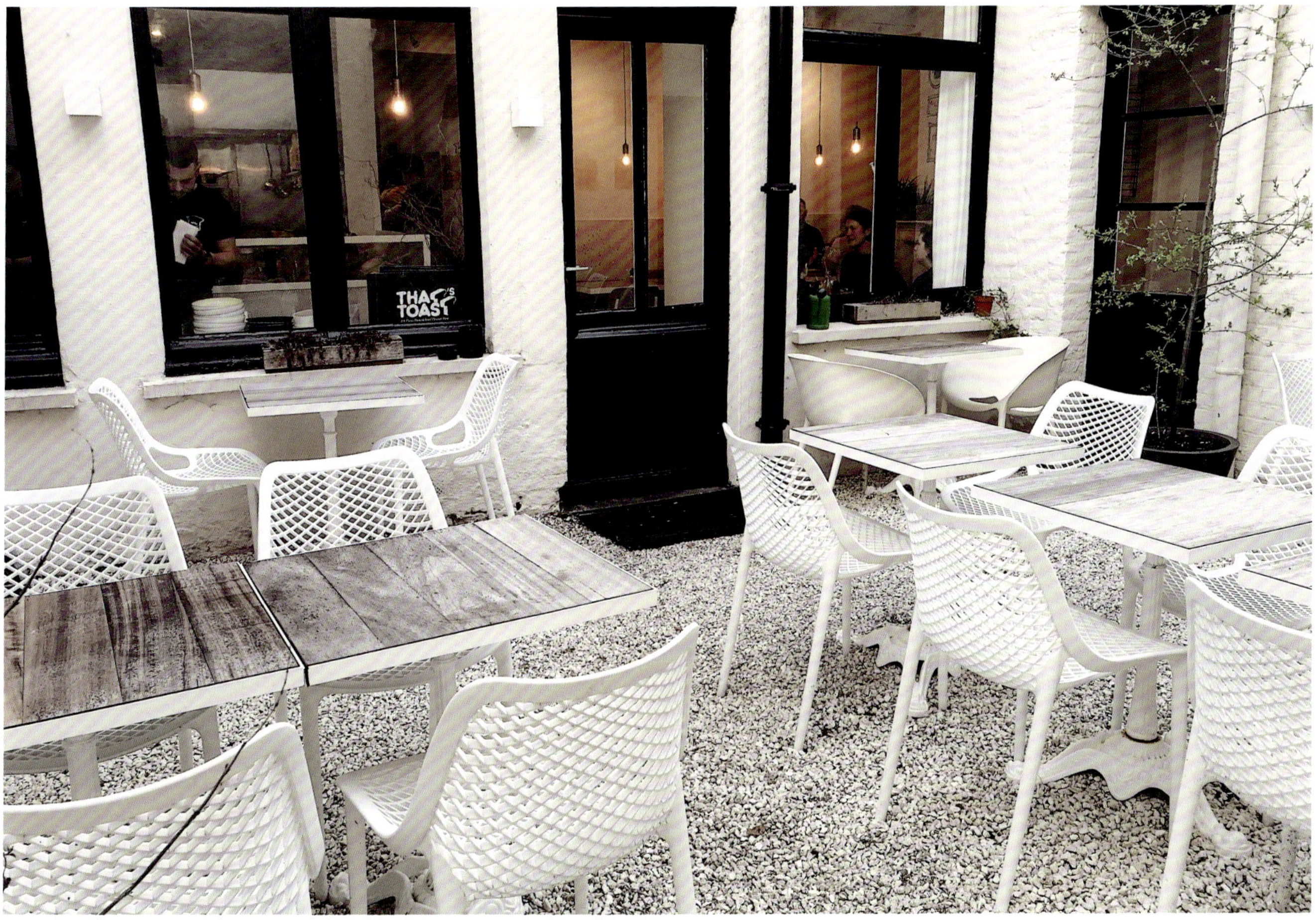

Chapter 2

形形色色打卡店的重点定位——

营造品牌空间的IP氛围

新时代下的餐饮品牌

当我们着手一个综合餐饮品牌的整体设计时，我们会考虑很多主要因素，例如食物、厨师、餐饮空间、预算，还有一些以前受到忽略，却在这个时代越来越显著的要素：这是一个外卖品牌吗？有没有可循环或者可回收的包装方案？我们要不要使用对环境友好、低污染的印刷墨水？怎样让客流量产生更有效的收益？该如何让品牌不光让人过目难忘，更愿意让人主动去分享？世界范围的流行病毒加重了全球环境危机，作为新时代餐饮品牌的创造者，我们有责任保证餐厅的一切（或者送到顾客家中的外卖）将不会加重这场危机，让大家在日常休闲消费过程中对生态环境保护变得更有意识。

当今食品行业的品牌营销挑战——不管你是外卖、服务餐饮还是消费产品，都需要让所有运营元素保持必不可少的生态承诺，这导致品牌决策的难度增加，不管是从规模角度，还是复杂程度。当然，我们有足够的知识储备来帮助我们保护现有资源——不管它是水、空气，还是原材料。新科技提供了新机遇，在降低资源需求压力的情况下，帮助我们提高产能。我们会尽可能地与所有利益相关方对话，这样才能在决策的过程中保持透明的一致性，才能创造一个为社区环境和消费者产生真正价值的好品牌。只有在不忽略生产者、供应商、经销商还有餐馆所有者或负责人的想法，才能达成这样的目的。

我们把品牌定位置身于真实世界，贯彻可持续发展的计划，这样不仅是为了食品安全，也有助于保护环境。它的实现，需要采用整体的方法，即从地区和国家层面关注所有相关的参与者（是否在全球内，取决于最终产品），仔细思考水和森林等资源的利用，减少产生有害物质和食物浪费。

餐饮食品行业这一新现实，需要一个品牌设计体系支撑：它对人、对技术都要予以同等重视，从而创造高效的工作流程，实现长期或短期资源节省。只有这样，我们才能创造出既能给予我们休闲享受，又能帮助我们应对气候危机的品牌。

文/Ele&Uve［西班牙］

Ele&Uve 品牌工作室团队

保护好品牌的 IP 创意

在当今激烈的竞争环境中，餐饮行业的传统服务已经无法让一家餐厅或咖啡馆从其众多的竞争对手中脱颖而出。随着大量机遇接踵而至的是高压力的竞争，餐饮市场的现状已经从简单变得复杂，从一成不变变得日新月异。

对于餐饮行业来说，它不再只是关于我们吃了什么、怎么吃、食物是怎么制作出来的。与食物相关的科技，也变得很重要。在我看来，如今餐饮行业重要的是塑造品牌。好品牌的重要性几乎已经等同于好产品，对于餐饮企业来说尤其如此。

在品牌 IP 盛行的现代社会里，IP 被定义成"一家企业合法注册那些代表其品牌文化的专有名词。"

塑造属于自己的品牌，可能是餐饮品牌创始人申请好商标之后最重要的决定。你要经常思考：如何让自己的品牌突出。突出的目的，不止是为了营销，而是保护企业立于不败之地的方法，同时也避免被别人抄袭。在餐饮行业，品牌意味着一切。如果不保护自己品牌的 IP，你的企业可能会变得很危险。

另外一件事你也需要想一想：在餐饮行业，菜谱是不受知识产权法保护的。但是餐饮企业创造的所有创意内容，例如网站内容、市场营销材料等，都是属于企业且受法律保护的资产。因此，保护创意内容的产权非常有必要。

IP 的创意还在脑子里面的时候，它只属于你，而一旦你公开 IP 的创意，只有在法律的保护下，它才属于你。在大型竞争市场中，保护 IP 的知识产权是最重要的。

文/Eslam Mohamed ［埃及］

餐饮设计师 Eslam Mohamed

● 国际简餐　　● White Square 国际广告营销节包装设计组银奖；乌克兰最佳设计奖企业 & 品牌识别系统组金奖和包装设计组金奖；
　　　　　　　基辅国际广告节企业 & 品牌识别系统组铜奖；

美食盛宴的
外卖实体店
Roll Club

品牌设计 ↗ Canape Agency（Daria Stetsenko）
空间设计 ↗ Canape Agency（Vladimir Ponomarenko）
摄影 ↗ Ivan Avdeenko

顾客留言

Ксюша Воробьева：
服务到位，食物美味，菜式多样，设计精美。

Настя Бокова：
哈尔科夫最好吃的寿司和比萨！！强烈推荐给所有人！味道和价格也是美味和合理！

051

官网：roll-club.kh.ua
Facebook：facebook.com/RollClub.Kharkiv
地址：Konstytutsii Square, 18 Kharkiv, Kharkiv Oblast, Ukraine 61003

Roll Club 原是乌克兰哈尔科夫市的一家线上食品外卖公司，在其外卖美食和服务得到当地市民的欢迎后，于市中心开设了一家实体的家庭餐厅，并重新进行了品牌设计。现在餐厅的 Instagram 有 15000 位粉丝。餐厅汇集了中国、日本、意大利和美国的特色美食，如中国小炒、日本寿司、意大利面和比萨、美国汉堡和薯条。

餐厅菜单上的日本寿司

Roll Club 原本的外卖业务是非常专业且受到大众认可的。在收到客人的下单后，订单就被立刻传送到后厨。厨师用新鲜和优质的食材以及专业的设备来制作食物。食物用特殊的保温袋进行配送，尽可能不丢失新鲜度和口感。而品牌在哈尔科夫开设的实体店，除了原本的外卖配送业务，更为进入餐厅的客人优化了用餐体验。例如升级了更加丰富的菜单，哪怕是素食主义的客人，也有许多合适套餐可以选择。

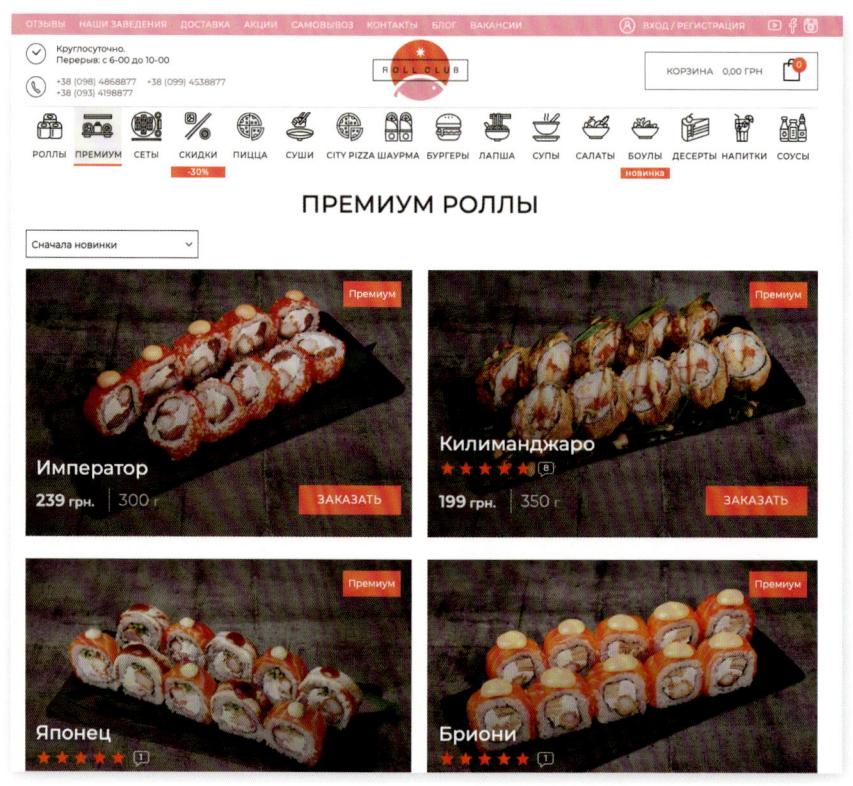

Roll Club 官网的外卖服务界面

052

Canape Agency 设计谈

Canape Agency 是哈尔科夫的餐饮设计工作室，提供包括餐饮品牌改造、Logo、品牌识别系统、室内空间设计、餐厅管理、广告营销、社交媒体等专业的餐饮设计服务。

亚欧美文化碰撞的餐饮品牌

  一开始，我们决定先提炼和创造一套象征美国、意大利、日本和中国文化的品牌识别系统。象征美国的符号用了星星、色条和经典的迪士尼卡通角色等流行元素；意大利的符号是为人熟知的国旗色调和橄榄；日本浮世绘以方框框住的版画名称则启发我们设计出方框短文字的形式；中国的象征则是以红色和粉色的组合色，搭配红灯笼的图案形状。

  Roll Club 的 Logo 体现了这些国家不同的美食，菜单的设计也是如此。我们用西红柿象征西式美食，因为番茄酱在意大利和美国菜系中是最常见的调料；鱼则象征了东方美食，也就是日本和中国的海鲜菜式。Logo 的字体部分被一个框围住并附在品牌设计的各种应用上，看起来就像日本浮世绘版画中的作品名印记一样。

品牌主色调

R 255 G 75 B 60	R 165 G 191 B 160
C 0 M 85 Y 80 K 0	C 36 M 12 Y 41 K 1
PANTONE 032 U	PANTONE 558 U

R 255 G 164 B 204	R 0 G 55 B 139
C 0 M 50 Y 0 K 0	C 100 M 75 Y 0 K 0
PANTONE 223 U	PANTONE 286 U

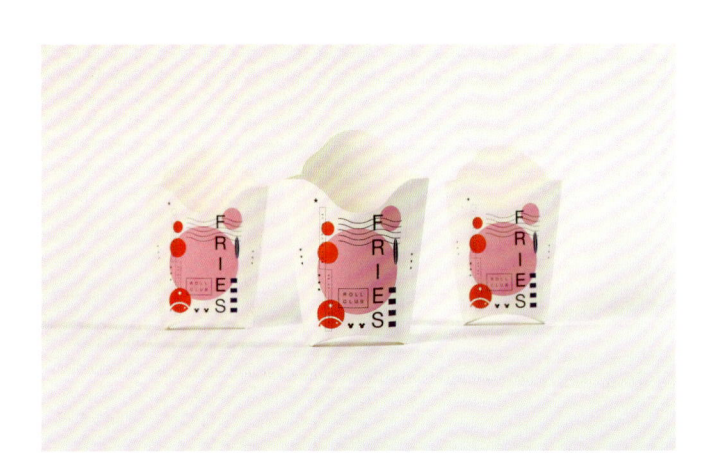

054

055

Roll Club 的地理位置是在两条街道的交叉口，大门明亮的 Logo 和巨幅的旗帜广告让餐厅在白日和夜晚都能轻易被客人认出。餐厅的外观、字体、图形等极简主义的设计风格也贴合了其所在大厦的视觉风格。从大门进到餐厅，可以看见两个洗手盆的上方悬挂了圆形的霓虹灯，引导客人往楼梯走进负一层的就餐区。餐厅空间看起来非常有层次感，这是源自不同国家的特色餐椅在视觉上的简单混合，比如美国火车上常见的长沙发，还有餐厅的建筑结构、色调和平面元素的呈现，都让餐厅的空间看上去完整而富有创意。

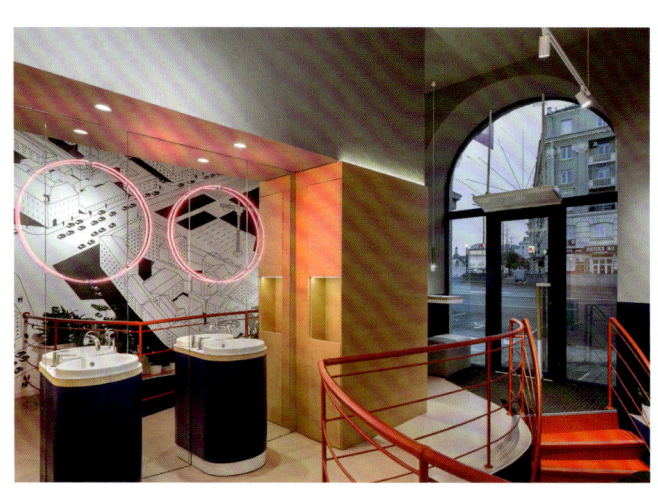

餐厅一层，右侧为进入负一层就餐区的红色楼梯

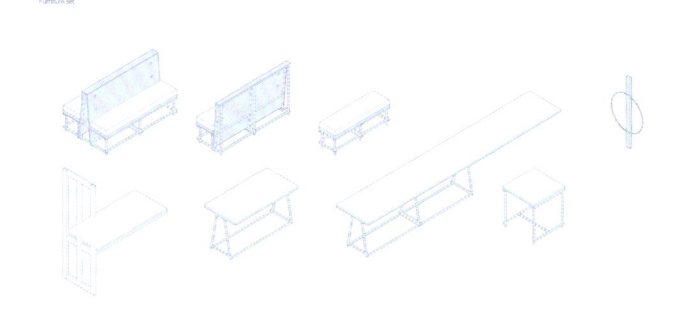

餐厅源自东西方不同国家的特色餐椅

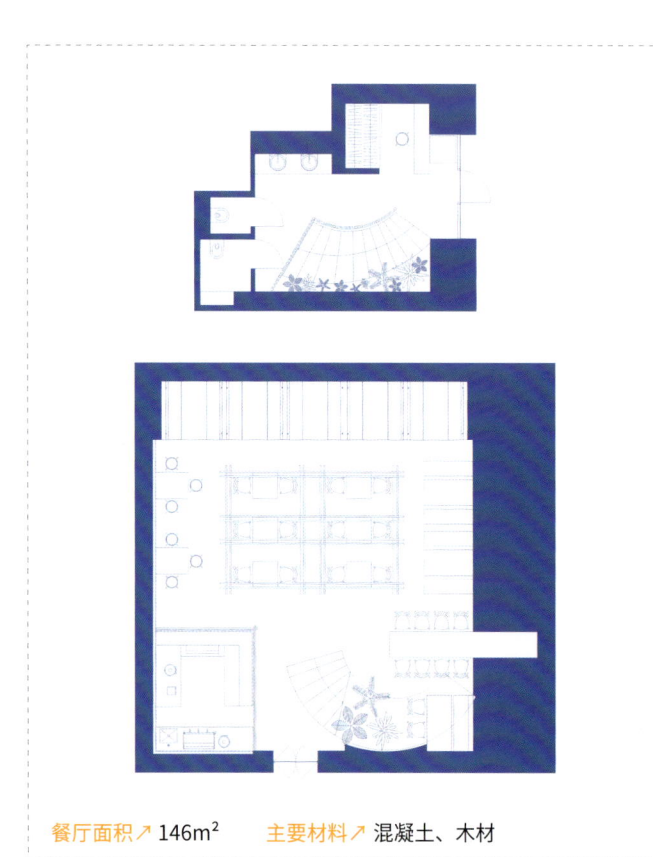

餐厅面积↗ 146m² 　　**主要材料↗** 混凝土、木材

　　我们特意用红色、粉色、绿色及蓝色搭配为 Roll Club 设计了明亮、吸睛的餐厅空间：红色的台阶、蓝色的地面和粉红的墙面，与混凝土的墙面和木制的建筑结构形成强烈的视觉对比。空间还用了特别设计的壁纸，上面有日本插画风格画成的餐厅所在城市哈尔科夫的市中心。这幅插画是有互动性的——客人可以在这张插画地图上找到 Roll Club 的入口。

056

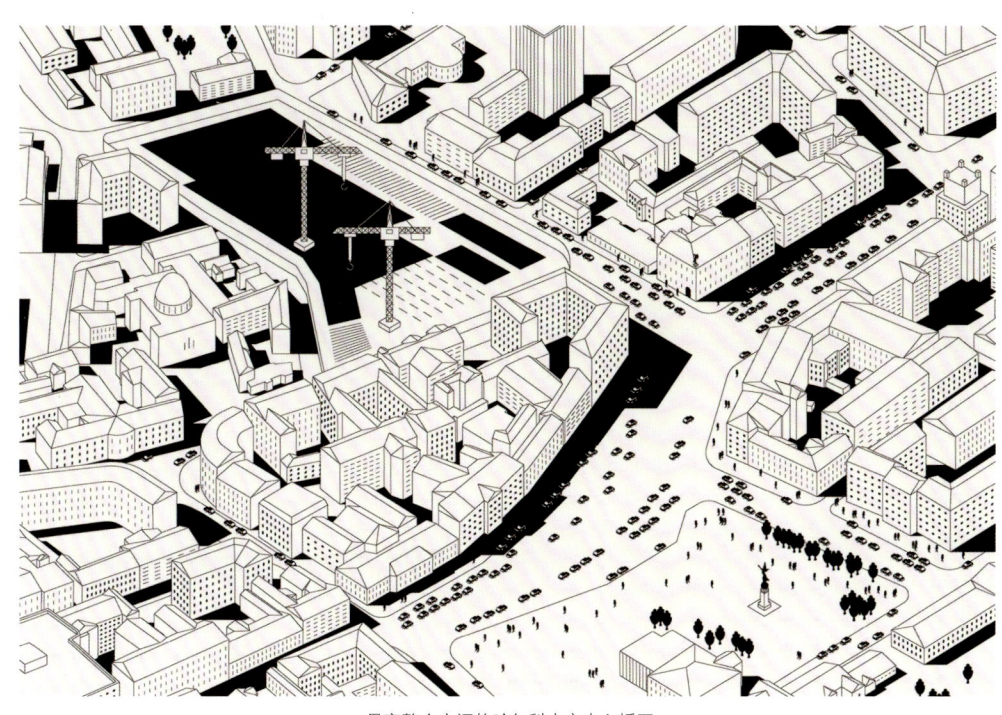

贯穿整个空间的哈尔科夫市中心插画

● 印度菜

充满活力的印度风情餐厅
Amara

官网：Amara.qa
Facebook：facebook.com/AmaraQatar
地址：Al-Muthanna Complex, Salwa Road 00974 Doha, Qatar

顾客留言

Khaled Badawy：
很棒的餐厅，超棒的空间设计，真的与众不同。我觉得这是城里最美味、地道的印度菜之一。做得好，"Amara"团队。

Abdul Don：
来过这里几次，精致的餐厅，愉悦的印度文化氛围，物超所值，美味的食物，家庭和朋友聚餐的最佳选择。

品牌设计、空间设计、摄影 ↗ Eslam Mohamed

这是一家开在中东地区阿拉伯国家卡塔尔首都多哈的印度餐厅，其名字"Amara"意为"我们的"，餐厅旨在全心全意分享地道的印度美食。不管客人的行程忙碌与否，Amara 餐厅都可以为他们提供享受美食的快乐时光。

[1] 旁遮普族，属于南亚民族，主要居住在巴基斯坦旁遮普省，另外还分布于印度部分地区。旁遮普人至今保留着传统的生活方式，在服饰方面，妇女通常穿过膝长衫和没过脚踝的灯笼裤，有身份的男人则穿土耳其式外套或西装。

Amara 为客人带来了一种纯正的印度式体验，包括丰富的印度菜肴和充满活力的室内装潢。从进门的地板到灯饰和食物，再到从印度精心挑选回来的摆件，整家餐厅的氛围保持着旁遮普族[1]的风俗传统。Amara 确保客人在走进那扇红色大门时，从味蕾到灵魂都能感到无比满足。对此，卡塔尔首家旅游指南 Marhaba Information Guide 称："这家充满印度风格的餐厅是现代与传统碰撞下的美食结晶。"

Eslam Mohamed 设计谈

埃及餐饮设计师 Eslam Mohamed 近十四年来深耕中东地区餐饮业，精于 Logo、
菜单、网站、室内空间等餐饮设计。

⟶ 打造独特而复古的印度风情

在接受客户委托后，我会首先研究餐厅品牌原有的文化和风格，并通过重新拆解和组合品牌现有的元素，重新定位出一个全新的品牌，这样我就能倒过来思考品牌定位的重心，并融入全新的元素和细节来完美地定位和表现餐厅崭新的品牌形象。

就 Amara 餐厅而言，充分认识到印度文化在卡塔尔的流行，以及思考如何让一家印度餐厅用全新的印度视角呈现在卡塔尔，是非常棘手的。所以我在印度文化中寻找丰富的视觉元素，并从 Amara 的 Logo 入手，塑造其品牌识别系统。对于 Logo 的设计，我采取了一种新颖的方式——从印度文化中抽取了大象这个象征性的元素，与"Amara"中的字母"M"相结合，简约而有趣的 Logo 便诞生了。我在经过整体的构思和确定 Logo 的样式后，才着手于印章、餐盘、包装，以及食物在餐厅视觉中的设计。

此外，餐厅品牌的主色调是红色，因为印度人日常食用的辣椒基本是红辣椒。另外，红色也是众多色彩中能让人产生饥饿感的色彩之一。

品牌主色调

R 190 G 30 B 45
C 15 M 100 Y 90 K 10

R 13 G 23 B 58
C 99 M 91 Y 44 K 55

061

到了空间设计阶段，我做了更深入的调研，包括在多哈市市区和互联网上探寻，甚至多次到印度旅行，获得为空间设计所需的素材和灵感。最终，我把空间设计的重点放在色彩、图案、灯具，以及木材等细节的把控上。Amara 空间设计的核心思想是一切都要手工制作，让空间的印度风情更具真实性，也更加独特和复古。

在家具选择方面，我偏向纯手工制作的木制家具，尽可能保留木材真实的自然面貌，以此助力餐厅创造一个开放性的空间。关于餐厅由抽屉拼成的墙壁，我选用了那些印度人旧时储存辣椒的抽屉，让客人置身在印度人的日常生活环境中，感受一个真实自然的印度。对于用来装饰灯具的盒子，我选取了印度人旧时用于储存和运输蔬菜和水果的盒子。在整家餐厅的图案设计方面，很多图案的样式是与印度著名的曼陀罗花有关。曼陀罗花的图案主要应用在餐厅地板上，但在餐厅墙面以及服务人员的围裙上也能看到。

餐厅面积↗ 165m² 　　主要材料↗ 木材

063

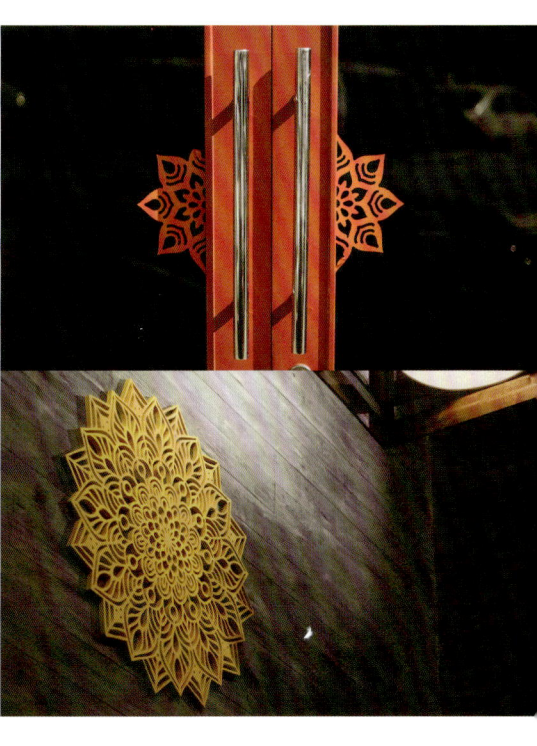

064

065

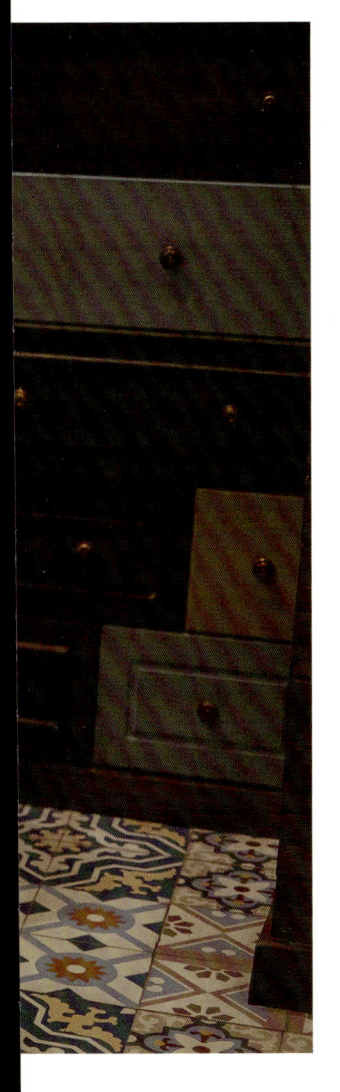

- 香港牛肋条火锅　　● 大众点评：北京必吃榜上榜餐厅

品牌设计 ↗ Rongbrand 容品牌（赵雪兰、祝晓琳、姜盛）
空间设计 ↗ Rongbrand 容品牌（吴大庆、王海涛、陈娜、杨丽、刘欢亮）
摄影 ↗ 小何 & 暄暄

醒狮餐厅位于北京市海淀区，是一家以香港牛肋条火锅为特色的餐厅。餐厅名"醒狮"原是指广泛流传于中国香港、广东等南方地区的舞狮派系中的南狮，以"醒狮"来命名餐厅突出了地域文化的特色。

港式健康饮食
与民间文化的交汇
醒狮

地址：中国北京市海淀区丹棱街甲 1 号领展购物中心 B1

醒狮餐厅的牛肋条火锅源于香港，醒狮将传统港式清汤腩与港式打边炉结合，并以一锅三吃法（吃肉、煮汤、涮面），继承和发扬了香港饮食文化对健康和品质的追求，实现了一种"口味多样化，摄入热量低"的中餐菜式。醒狮的另一大特色就是在餐厅内吃不同的食物都有它专属的酱汁，例如吃猪软骨要用特调海鲜汁、吃手工面要用三勺秘制红椒、涮菜要用酱油加香脂醋。凭借创始人用心而专业的经营，这家餐厅最终登上了"大众点评"的北京必吃榜单，俘获了挑剔美食家的芳心。

顾客留言

cd0312：
工作日晚上七点到的居然还要等位，生意真是红火。装饰很港味儿，随处可见南狮的造型。本来想吃卜卜蚬，结果售罄了，服务员说要早来，因为要保证鲜活，所以每天供应量有限。换了牛肋条锅，真的太实在了，牛肋条每条都很大，也很嫩，入味，里面还有香菇、荷兰豆、魔芋条……

ccww2017：
第一次吃就被惊艳了，非常非常软嫩的牛肉，配上剁椒蘸料，非常过瘾。推荐特色的菌类，煮几分钟先喝菌汤然后再吃肉。最后煮上一把罗勒面，因为是手工的面，需要煮的时间久一点。

Rongbrand 容品牌设计谈

Rongbrand 容品牌是一家北京的品牌策划公司，成立于 2009 年，聚焦于餐饮、茶和地域特产等消费品领域，以"中国文化激活中国品牌"作为使命和发展目标，提供整体性、系统性的品牌升级及品牌孵化解决方案。客户包括雨林古树茶、遇见小面、阿香米线等餐饮集团和品牌。

→ 打造香港文化 IP 品牌空间

餐厅创始人房蔚既是一个健康美食主义者，也是一个追求极致的产品经理，他做这个品牌是想通过"轻食"[1]把健康的饮食理念推广到市场，所以最开始的品牌名就以轻食中常用的一种健康植物食材"罗勒"取名，叫作"罗勒·轻食"，也是这个品牌的第一个发展阶段。在品牌的第二个发展阶段，创始人积极对品牌进行了升级调整，将品牌名修改为了"罗勒家·三吃牛肉锅"，把自己的拳头产品"三吃牛肉锅"展现出来。

我们从香港文化中汲取灵感，借力香港民艺资产，将餐厅品牌从第一阶段的"罗勒·轻食"和第二阶段的"罗勒家·三吃牛肉锅"升级到品牌的第三阶段——"醒狮·港式牛肋条火锅"。我们重新归类了醒狮品牌的地域属性，方便顾客轻松识别品牌的餐饮特色，帮助品牌找到内在的品牌调性。同时，围绕香港文化，打造了一个香港文化 IP 的人气品牌空间，让品牌能够通过氛围的营造形成自驱力。

[1] 轻食不是指一种特定的食物，而是餐饮的一种形态，轻的不仅仅是指食材分量，更是食材烹饪方式简约，保留食材的本来营养和味道，让食用者的营养摄取无负担、更健康，同时引申出一种积极阳光的生活态度和生活方式。

充满"醒狮"元素的设计

品牌主色调

R 201　G 42　B 34
C 20　M 90　Y 90　K 0
PANTONE P 49-7 U

R 231　G 177　B 77
C 10　M 35　Y 75　K 0
PANTONE P 14-14 U

R 0　G 155　B 108
C 80　M 15　Y 70　K 0
PANTONE P 136-8 U

餐饮的"精气神"非常重要，我们需要从产品、环境、服务、营销和餐饮品牌的氛围来体现。所以我们在设计品牌和空间的时候，围绕品牌的港式血统进行创作，将香港的市井文化与人们熟悉的现代都市感进行融合，老戏新唱，一步一景，逐步打造出一个多元、独特的香港文化梦工厂，给人们带来一场不同层次的香港文化体验。

门头是醒狮的品牌形象与香港招牌文化的结合，餐厅空间则是香港霓虹灯文化、电影文化、醒狮民俗文化、交通文化的老戏新唱。进到门店，不同区域都是不同层次的香港文化的表达，比如人们扫描餐桌上的二维码，就可以在线聆听到香港经典的歌曲，增加了人们体验香港文化的互动感。

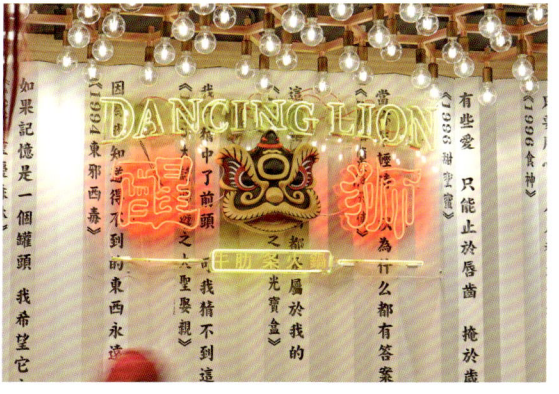

在餐桌上，有香港经典音乐的歌单

餐厅源自老香港街头铁皮墙的墙壁，墙上的文字是经典港片的台词

069

餐厅充满港式霓虹灯文化的空间

餐厅面积 ↗ 239m²

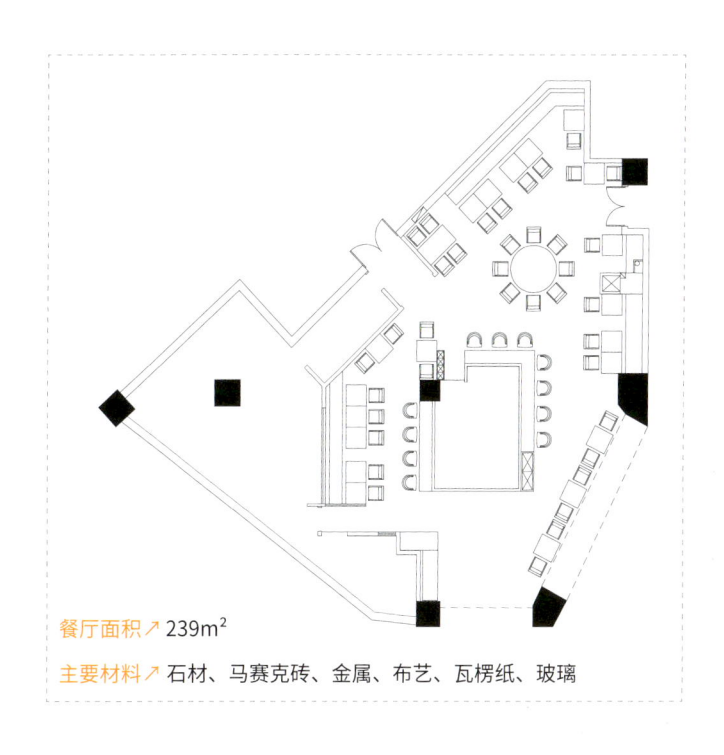

主要材料 ↗ 石材、马赛克砖、金属、布艺、瓦楞纸、玻璃

餐厅中源自老香港推拉铁门的装饰性元素

073

● 越南法餐

品牌设计 ↗ The Lab Saigon（Thao Tran、Duc Bui、Ngoc Vo）
空间设计 ↗ The Lab Saigon（Anh Thu Huynh、Gift Lalicha、Hoang Nguyen）
创意总监 ↗ Tuan Le **摄影** ↗ Thuy Truc

洋溢着法国乡村氛围的越南餐厅
Café Marcel

Facebook：facebook.com/cafemarcelsaigon
地址：28 Ngo Quang Huy Ho Chi Minh City, Vietnam 700000

> 顾客留言
>
> *Kevin Koh*：
> 非常棒的食物，简单的事情做到极致的典范。酸面包很美味，冰过的凝脂奶油也很新鲜。以后必须常来光顾！
>
> *Nghiêm Trần Kim Ngân*：
> 我真的很喜欢这个菜 ♥ 味道太惊喜了！就是分量有点太多了，吃完后肚子好饱。

Café Marcel 位于越南胡志明市，是一家面积约 450 m² 的越南法式餐厅，其 Facebook 拥有 11297 位粉丝。对于创始人 Brian Chu 而言，食材在烹饪中扮演着非常重要的角色，但在越南，要获得法式料理中常见的食材却是困难重重的。

于是，他放弃了法式料理的固有配方，不使用太多的进口食材，转而利用越南本地最新鲜的食材，既支持了越南当地的农民，也创造属于他自己的独特料理风格。创始人非常重视每一道菜肴的色香味。他希望他的客人能够在这个环境越来越糟糕的时代，尽可能有机会享用到健康的食物，所以他总是在菜肴中添加大量的新鲜蔬菜水果。

The Lab Saigon 设计谈

The Lab Saigon 创意机构位于胡志明市，精于品牌咨询、品牌设计、空间设计、广告营销、摄影、电影剧本等创作领域，客户包括世界卫生组织、Facebook、世界自然基金会、南宫梦等国际企业。

颠覆传统的越南法式餐厅

Café Marcel 创始人的爷爷曾在越南为法国军官当厨师，所以他从小就经常接触法国菜系。16 岁的时候，他决心成为一名优秀的厨师。虽然他并没有在烹饪学校进行过系统的学习，但是大量丰富的酒店实战经验让他最终实现了自己的梦想——创立属于自己的餐饮品牌 Café Marcel。法国餐厅在越南并不少见，因此创始人希望我们不要在这家餐厅植入埃菲尔铁塔、法式酒吧的桌子以及奢华的巴黎风等耳熟能详的法国元素。于是，我们把 Café Marcel 定位为一家异于越南其他法国餐厅的餐饮品牌：休闲、放松和自信，不浮于表面。

为了让 Café Marcel 成为一个更地道的法国餐饮品牌，我们特意去到法国，从巴黎这座"灯光之城"出发，一路旅行至法国的乡村，并从旅途中汲取创作灵感。正如一条老式旅行广告所说："一旦你看过法国其他地区，你就永远不想回到巴黎。"我们相信，真正的法国风情正是隐匿在这些朴实的乡村之中，而不在巴黎。此次法国公路旅行带来诸多灵感，不仅启发我们设计出仿若法国乡村阳光普照的色彩效果，Café Marcel 插画略显古怪的视觉风格也借鉴了法国路边酒馆的旅行册子，而餐厅 Logo 则模仿了法国公路路标，并通过边框辅助线进行裁切和定型。

餐厅借鉴了法国路边酒馆旅行册子的插画，色彩充满了法国乡村阳光普照的视觉效果

品牌主色调

R 236 G 236 B 225
C 7 M 8 Y 10 K 0

R 254 G 216 B 133
C 0 M 15 Y 55 K 0

R 200 G 115 B 105
C 19 M 64 Y 55 K 2

R 64 G 59 B 98
C 98 M 79 Y 26 K 30

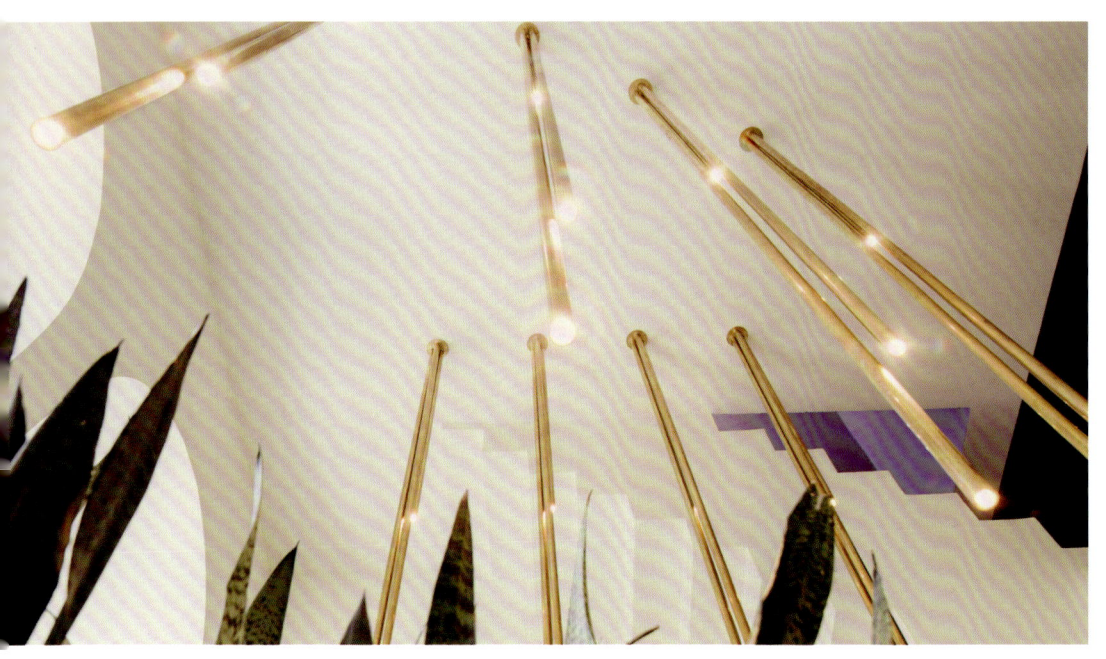

餐厅天花板的吊灯形状让人想起法国乡村的灿烂阳光

　　品牌设计的色彩以及公路旅行的氛围，也都相应地体现在空间设计中。明亮的品牌设计元素与餐厅内的地板、连接天花板的拱形窗户相互呼应。拱形窗户也让户外的自然光照射进来，加上天花板的吊灯形状，让人联想到肆意的阳光挥洒在法国乡村的田野里，让 Café Marcel 的空间变得柔和而明亮起来。我们还根据定制的单面煎蛋形的墙灯，重新创作了一些关于煎蛋的插画。

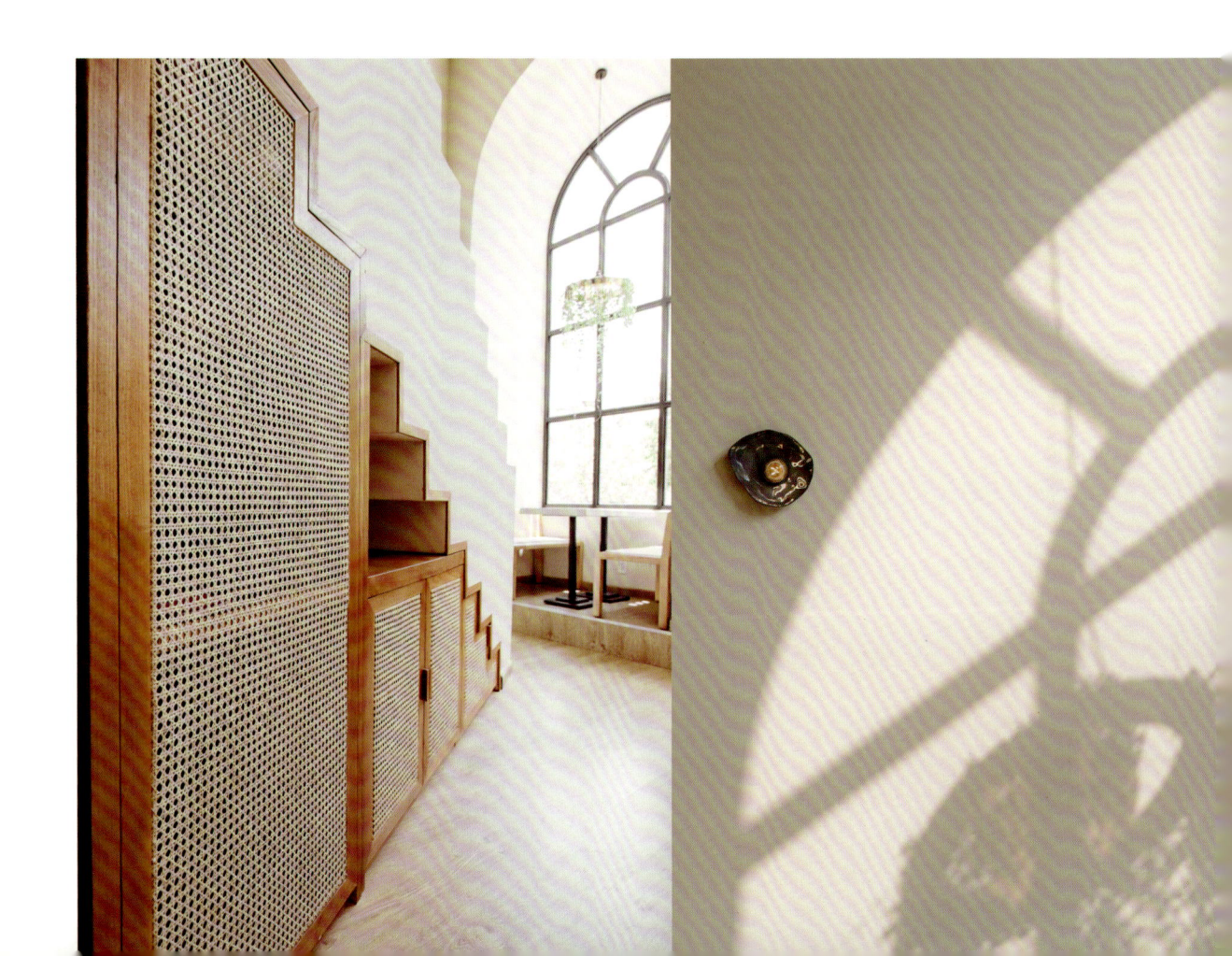

078

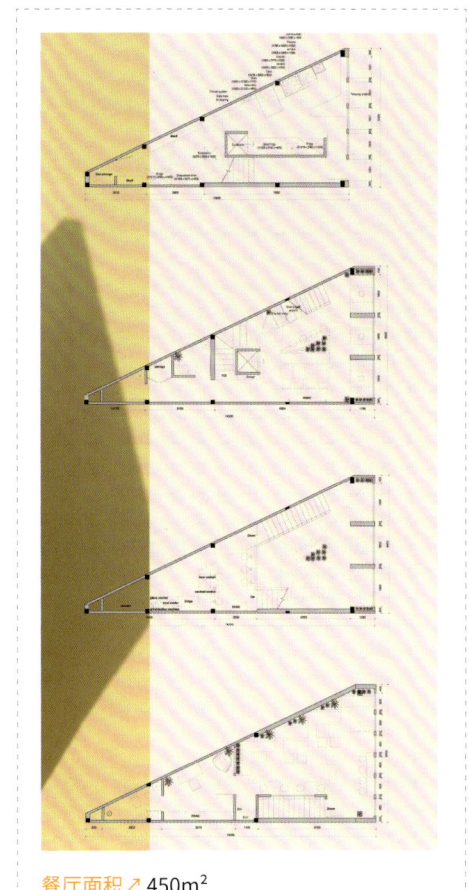

餐厅面积 ↗ 450m²

主要材料 ↗ 白蜡木、藤条、水磨石、黄铜

● 地中海菜系

Facebook：facebook.com/Olennamx
地址：Periferico Sur 3720, Jardines del Pedregal 01900 Mexico City, Distrito Federal, Mexico

品牌设计 ↗ Human　**空间设计** ↗ Niz+Chauvet　**摄影** ↗ Rodrigo Chapa、C129 Studio

地中海餐厅的健康秘诀
Olenna

餐厅用有机、新鲜的时令食材拍摄的宣传图

080

顾客留言

Nizandro Verdugo：
我点的菜太丰富了，都不知道上传哪盘菜的相片才好，确实我拍的相片有些多，但这些佳肴完全超出我的预期。从踏进大门那一刻，无微不至的服务就开始了。没有预约，也没有想到我将卷入一个充满香味的美食世界。我先点了南瓜汤，再点了鱼片和墨西哥红酒，最后以一碗法式焦糖布丁结束这一餐。

Araceli Estrada：
食物美味可口，气氛轻松舒适，环境很安静，你不用喊就可以自如聊天……非常适合在这里谈生意和朋友聚会。服务热情，食物色香味俱全且菜式丰富。

Olenna 餐厅位于墨西哥的墨西哥城，面积约 485 m²，由墨西哥当红厨师 Maycoll Calderón（师从米其林星级名厨 Jean-Georges Vongerichten）创立和掌厨，是一家地中海饮食风格的餐厅。

Olenna 餐厅的地中海菜系风格混合了意大利、法国、土耳其、西班牙和希腊等国家的美食口味。对于 Maycoll Calderón 来说，有机、新鲜的时令食材是烹饪的关键。《经济学人》杂志也给予了肯定："Olenna 以有机、时令的食材融合了意大利、法国、土耳其、西班牙和希腊美食的味道和香气，每一口都给你的味蕾带来不一样的惊喜。"

Human 设计谈

Human 品牌机构位于墨西哥城,由设计师 Alejandro Flores 于 2016 年创立,精于建筑、品牌识别系统、包装、网站、室内空间等设计领域,至今客户涉及全球 15 个国家的企业。

→

打造表里如一的
健康地中海风格餐厅

无论哪种餐饮品牌,当我们接手品牌设计时有一个主旨:详细了解餐厅的种种需求,深入调研餐厅的背景、历史和竞争对手。在有了完整的了解后,我们才带着一个基于餐饮品牌的设计概念着手设计,赋予品牌某种个性。这个设计概念就是我们的设计方向和设计路线。

就 Olenna 来说,我们试着创造出一个令人难忘的品牌,它不仅有一个鲜明的设计概念来满足餐厅的要求,还能展现出一种独特的个性,让它在美观的同时,为初次前来就餐的客人带来某种意义,并与客人产生互动和关联。在这里,客人将沉浸在一个充满地中海氛围的世界:独特的食物味道、新颖的生活方式、特别的装饰纹理和优雅的植物芳香。

在品牌识别系统的设计上,我们的灵感源自种植业和畜牧业并重的地中海式农业的三种主要农作物:橄榄、小麦、葡萄,正是它们促成了地中海地区三大传统食物:橄榄油、面包和葡萄酒。我们通过图形传达系统[1],把这三种地中海主要农作物抽象化为品牌的象征性图形,以此让餐厅与健康的地中海式饮食建立起一种密切相关却简洁易懂的视觉联系。这些象征性图形被应用在餐厅的名片、杯垫上。餐厅主色调和 Logo 字体的设计同样从地中海地区汲取灵感,不仅富有地中海气息的蓝色和褐色和谐地融合在一起,Logo 字体更是基于衬线体,被设计成像是雕刻在地中海出土的大理石之上的文字。

[1] 图形传达系统,原称是依索体系(Isotype),这个系统旨在通过简化的象征性图形向普通大众传达社会和经济信息。

基于地中海三大农作物:橄榄、小麦、葡萄的象征性图形

品牌主色调

R 184　G 194　B 170
C 33　M 16　Y 36　K 2

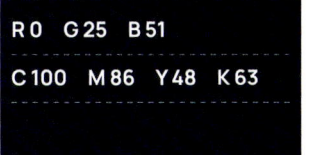

R 0　G 25　B 51
C 100　M 86　Y 48　K 63

餐厅仿若地中海出土大理石文字的 Logo

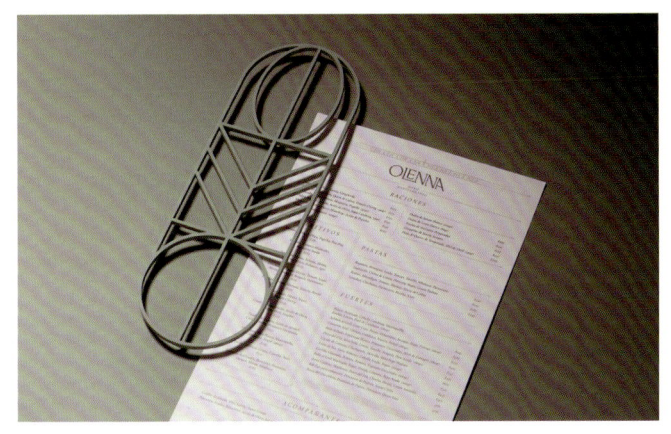

橄榄、小麦、葡萄的象征性图形应用在杯垫上

083

空间设计的重点是把客人"传送"到地中海的阳光、沙滩中。通过纹理、材料、色彩和图形等元素，加上Olenna的食物，以及深浅不一的绿色植物造景，为餐厅创造出愉悦的地中海风情，让餐厅成为一个可以在餐桌上分享故事和美食的独特空间。空间设计机构还专门设计了一个透明的开放式厨房，让客人可以近距离接触地中海美食的烹饪过程。

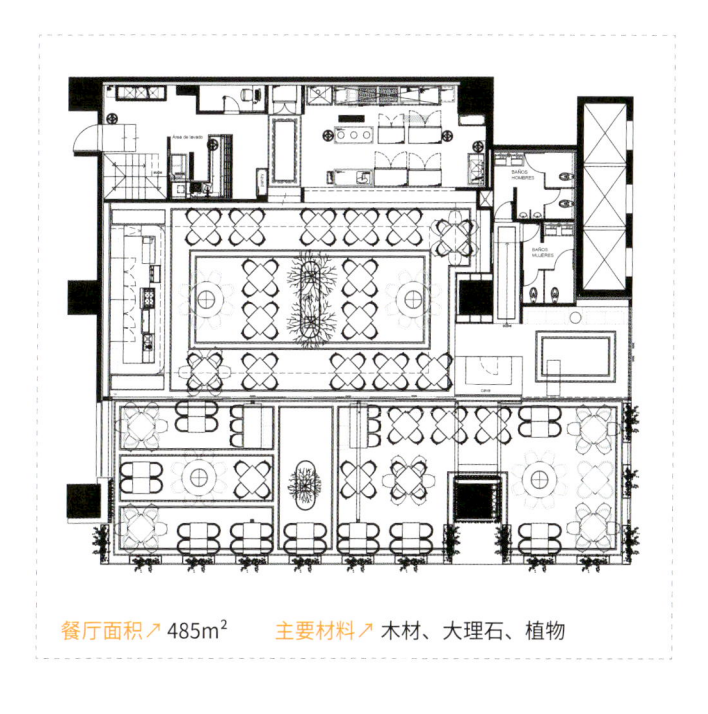

餐厅面积↗ 485m² 　　主要材料↗ 木材、大理石、植物

085

- 乌克兰啤酒烤肉　　● INTERIUM 国际设计大赛餐厅、咖啡馆和酒吧组铜奖；乌克兰最佳设计奖室内设计组金奖

乌克兰啤酒烤肉餐厅
REBERBAR

品牌设计、空间设计↗ YUDIN Design（Aleksandr Yudin、Vladimir Yudin）
摄影↗ Sergey Savchenko

官网：reberbar.com.ua
Facebook：facebook.com/REBERBAR
地址：Velyka Vasylkivska St, 13/1, Kyiv, Ukraine

顾客留言

Larysa Sevostianova：
一家烹饪像艺术、服务用心热情的餐厅，最高的水准👌

Александра Свиридова：
一个非常棒的地方。我们和朋友一进去就觉得好舒服，东西好好吃，我们甚至都不想离开。干得好！继续保持水准才是王道！

REBERBAR 是乌克兰一个啤酒酿造品牌创建的餐厅，位于乌克兰首都基辅市中心，紧邻国家主体育场 Olimpiyskiy，餐厅面积约 350 m²。餐厅的招牌菜是多汁的排骨，它洋洋洒洒地占据了菜单的好几页。

但是产自于自家酒厂的精酿啤酒才是 REBERBAR 的灵魂所在。创始人潜心研究欧洲历史悠久的啤酒酿造，旨在创造出乌克兰引以为傲的啤酒品牌。当然，除了啤酒，餐厅也提供经典的鸡尾酒等其他种类的酒水。

YUDIN Design 设计谈

YUDIN Design 设计工作室由双胞胎设计师 Aleksandr Yudin 和 Vladimir Yudin 于 2000 年在乌克兰基辅创立，为乌克兰多家餐厅、咖啡馆、酒吧、精品店设计品牌及空间，曾获得乌克兰国内外多项设计大奖。

融入排骨元素的餐厅 Logo

→ 啤酒和排骨贯穿于整体设计

设计方案的切入点源于餐厅两个重要的元素：啤酒和排骨。我们就从这里入手开始构思 Logo、品牌识别系统和空间设计。

餐厅名"REBERBAR"在乌克兰语中读起来像"排骨酒吧"，在英语中读起来却像"啤酒吧"，正是"啤酒吧"这个名字，向市民和游客清晰地传达出了"啤酒"这个重要的餐厅元素。我们在 Logo 的设计中巧妙融入了排骨的形状，既分开了枯燥单调的纯字母餐厅名，又突出了餐厅的招牌菜。整个视觉识别系统的主色调我们选择了象征啤酒的淡黄色。

空间设计方面，整个餐厅被分为两个区域：一是为现场演奏会、体育赛事直播而设置的工业风吧台；二是以极简抽象为风格的就餐区。木材是空间设计的主要材料之一，桌椅是木制的，各种木框用以隔开餐厅的不同空间，就像慕尼黑啤酒节中经常见到的一样，实用直观的分区木框可以让客人保持一定隐私的同时，也能有一些亲密感。

品牌主色调

R 65 G 64 B 66
C 0 M 0 Y 0 K 90

R 251 G 176 B 64
C 0 M 35 Y 85 K 0

工业风吧台

088

抽象极简风格的就餐区

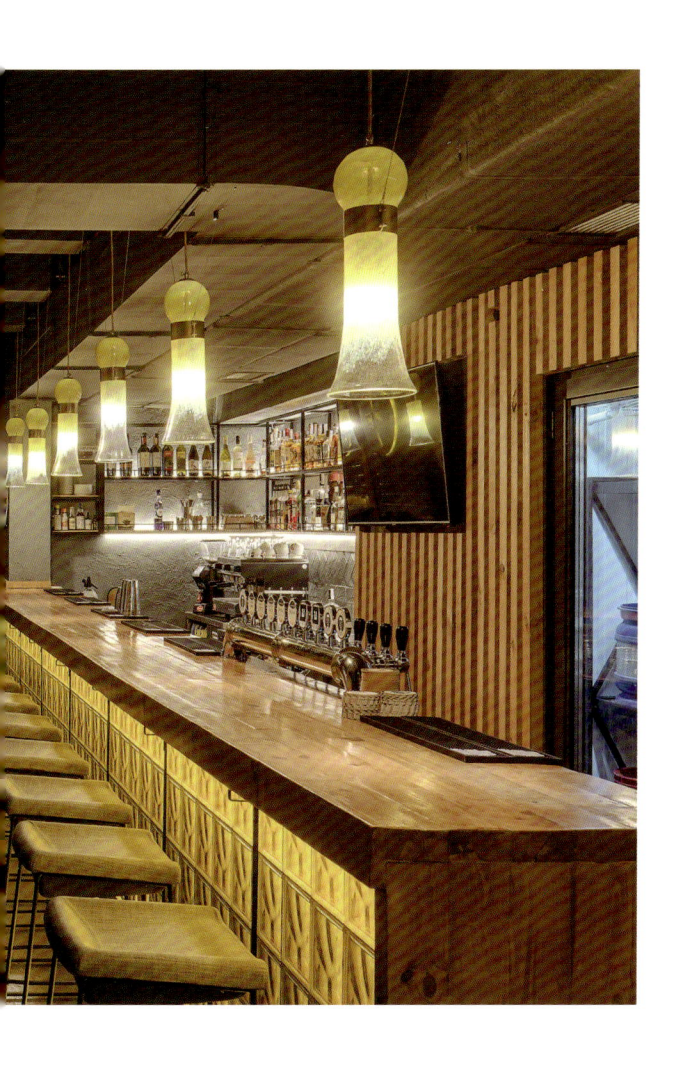

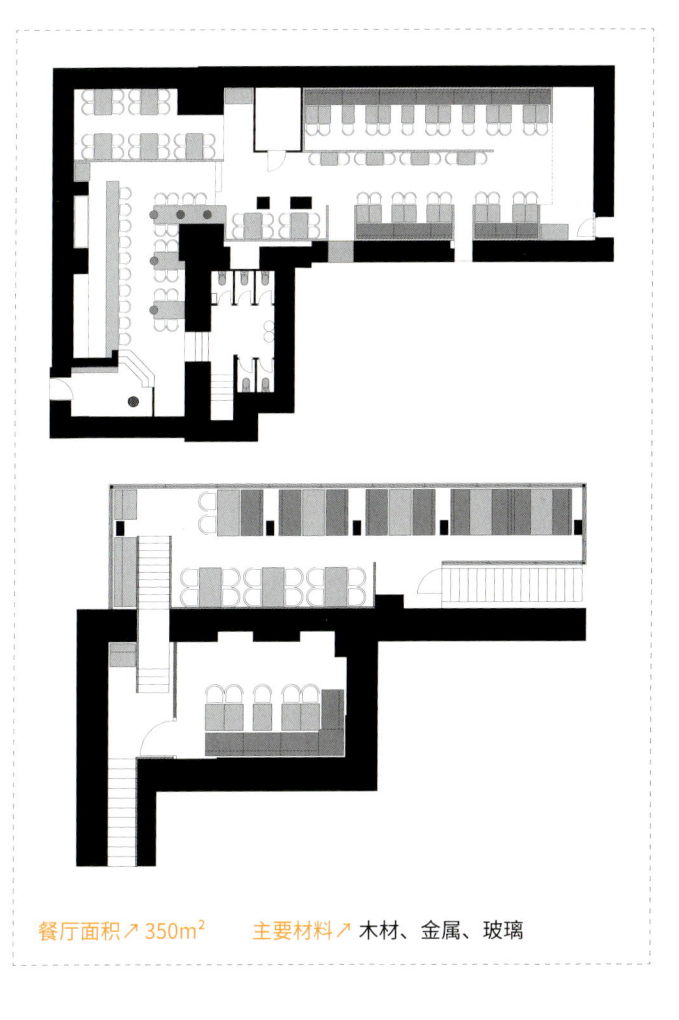

餐厅面积↗ 350m² 主要材料↗ 木材、金属、玻璃

089

餐厅空间的所有设计细节也都呼应了品牌的啤酒和排骨两大元素。例如吧台后墙镶嵌了一个啤酒冷藏柜，客人可以通过透明的玻璃门直接看到啤酒是如何冷藏在各个啤酒桶里的。装饰性的啤酒桶被放置于餐厅的入口处、靠近吧台的就餐区以及洗手间的洗手台。在VIP室，啤酒桶还被我们制作成天花板吊灯的灯罩。此外，还有一些有趣的装饰细节，如麦芽酒杯喇叭形状的电灯、大量啤酒瓶底拼成一只猪的图案，以及由26000个啤酒瓶盖拼成的啤酒花[1]马赛克图案，这个特别的马赛克图案经过餐厅柔和的灯光反射后，呈现出金银双色的光芒，异常醒目。

[1] 啤酒花又称酵母花，是酿啤酒中不可缺少的一味原材料，在酿啤酒过程中具有天然防腐、延长啤酒保质期的作用，还可以形成啤酒的细腻泡沫，并能澄清麦汁使啤酒变得清透，还能平衡麦芽汁甜度使啤酒变得可口。

啤酒桶被应用在餐厅的入口处、靠近吧台的冷藏柜和餐桌，以及洗手间和VIP室

餐厅的麦芽酒杯喇叭形状的电灯

入口楼梯的墙壁上装饰着餐厅名的文字

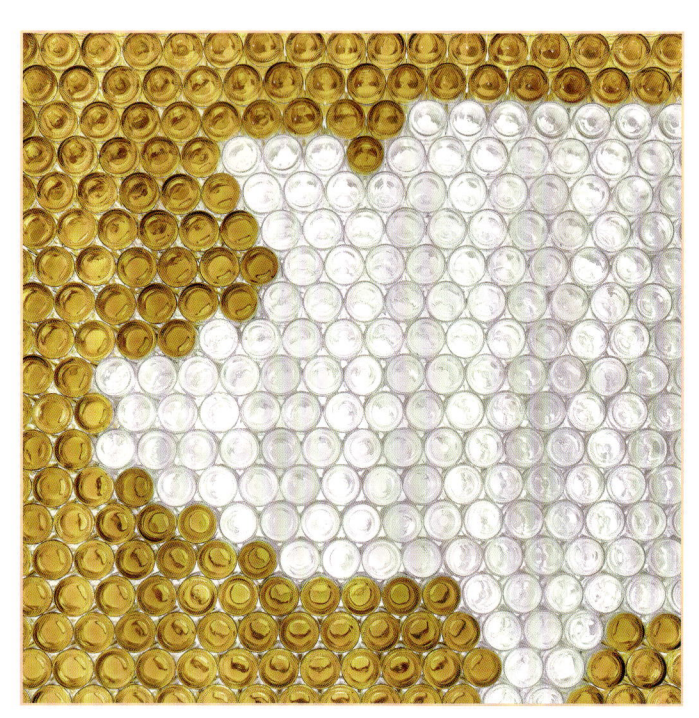

用大量啤酒瓶底拼成猪的图案

092

啤酒花马赛克图案由 26000 个啤酒瓶盖拼成

意大利菜

意大利文化的
复古餐厅
BERGAMOT

官网：bergamot.zp.ua
Facebook：facebook.com/bergamotzp
地址：Peremohy St, 59, Zaporizhia, Zaporizhia Oblast, Ukraine 69035

品牌设计、空间设计 / YUDIN Design（Aleksandr Yudin、Vladimir Yudin）
摄影 / Sergey Savchenko

BERGAMOT 位于乌克兰扎波罗热市，面积为 230 m²，主打意大利菜、日本寿司和儿童餐，为当地居民提供一个家庭聚会和享受美食的舒适场所。在这家意大利餐厅，餐厅服务员会用意大利语向走进餐厅的客人打招呼，比萨厨师就像在传统的意大利餐厅一样，热情地向客人展示厨艺。此外，还有专门为儿童隔出的区域，让孩子们能轻松愉快地观看厨师在开放式厨房烹饪美食。

顾客留言

Татьяна Порожна：
食物、饮品的颜值高，女服务员很贴心，儿童娱乐室是一大加分项，你可以和全家人一起放松享受。

Olga Verba：
一个字：棒！从菜单到有保姆的儿童娱乐室，这里就是与孩子共处的理想之地。甚至还有一个婴儿尿布台！这对于带着婴儿的父母来说太重要了！非常贴心的服务和热情的员工，我们会经常来光顾！

YUDIN Design 设计谈

YUDIN Design 设计工作室由双胞胎设计师 Aleksandr Yudin 和 Vladimir Yudin 于 2000 年在乌克兰基辅创立,为乌克兰多家餐厅、咖啡馆、酒吧、精品店设计品牌及空间,曾获得乌克兰国内外多项设计大奖。

→ **还原一个意式文化崇尚者心中的"意大利"**

餐厅创始人是一个意大利文化的爱好者,曾在那里旅居多年。他回到乌克兰后,就一直想在扎波罗热市创造出一个属于自己的"意大利",于是我们把他的梦想变成了现实。

在品牌设计上,我们力图呈现出创始人强调的家庭聚餐理念以及意大利文化的氛围。餐厅名"BERGAMOT"指的就是意大利卡里布里亚大区盛产的香柠檬,我们从这个点切入,探究了意大利文化和民俗,最终决定用香柠檬这个元素作为设计亮点,Logo 和招牌的橘色均取自香柠檬的颜色。餐厅的 Logo 也是我们品牌设计的一个亮点,它体现了这家餐厅品牌所有主要的象征性元素:切开的比萨、意大利香柠檬的颜色和意大利古老的拱桥。

在空间设计中,我们沿用了品牌设计中明亮的色彩。Logo 中意大利拱桥和香柠檬的图形元素,进一步延伸到餐厅室内墙壁的金属架。受意大利卡里布里亚大区传统建筑风景的启发,我们使用华丽而复古的彩色玻璃隔离墙,醒目地隔开就餐区与儿童娱乐室,形成视觉冲击。

餐厅室内墙壁融入意大利香柠檬和拱桥元素的金属架

品牌主色调

R1　G1　B1
C75　M68　Y67　K90

R248　G149　B33
C0　M49　Y98　K0

餐厅面积↗ 230m²
主要材料↗ 红砖、金属、彩色玻璃、混凝土

华丽的彩色玻璃墙后面便是儿童娱乐室

097

098

099

- 保加利亚海鲜　　● 猫途鹰：瓦尔纳市排名第三的餐厅

邂逅彩色的"忘忧岛"
El Kapan

品牌设计 ↗ **Marka Collective**　　**空间设计** ↗ **Violeta Bodurova**　　**摄影** ↗ **Petko Petkov, Marka Collective**

El Kapan 是一家海鲜餐厅，位于保加利亚最大的海港城市瓦尔纳的中心海滩，提供 150—200 个餐位，其 Facebook 拥有 12477 位粉丝。餐厅旨在为年轻人提供一个在活力四射的现场音乐中享受丰富多样的海鲜美食和户外烧烤的空间。餐厅的美味佳肴带给人惊喜，特调的鸡尾酒让人轻易就沉浸在加勒比海的微风中。El Kapan 的餐饮理念受到雷鬼乐鼻祖鲍伯·马利的经典歌曲 *One Love* 的启发："一份真挚的爱！一颗跳跃的心！让我们欢聚在一起享受这感觉！"（One Love! One heart! Let's get together and feel good!）餐厅创始人希望营造这句歌词中的雀跃氛围，以此感染远道而来的客人。

顾客留言
Danilo Dača Ciganovi：
整家餐厅、海滩的气氛，好吃又实惠的菜，好喝的保加利亚啤酒，鲜榨的果汁、柠檬水，还有茶，都远远超出了我的预期。

Radomir Valchev：
El Kapan 是瓦尔纳海边一家美丽的餐厅。食物一级棒，而且服务员的服务会让你有 VIP 的感觉。我要强烈推荐这个地方，适合小情侣吃顿浪漫的午餐，也适合朋友聚会。

官网：elkapan.com

Facebook：facebook.com/ElKapan

地址：Capt. Georgi Georiev Sea Coast Alley Sea Garden, Varna 9000 Bulgaria

Marka Collective 设计谈

Marka Collective 品牌工作室由设计师 Petko Petkov 和 Nuray Nury 于 2015 年在瓦尔纳创立，精于品牌识别系统、Logo、纸质印刷物、网站、多媒体等设计领域。

从零开始
创造诱人的视觉系统

　　基于餐厅的理念以及创始人想传达的品牌特色，我们希望开发出一套具有新鲜感且迷人的品牌识别系统。在视觉上，我们除了重视风格的统一，更需要从零开始为每一个品牌元素及应用去做量身设计，特别是导视牌、Logo 和插画。餐厅的品牌设计风格受到有"加勒比海的明珠"之称的古巴哈瓦那样的热带城市的影响，所以我们的工作是创造一种视觉风格上符合这种炎热、多彩和随性的环境氛围。

　　Logo 的字体是经过我们严格挑选的，类似手绘体的字母组合带来更加亲和与自然的感觉。字母上方还有一个鱼的图案，仔细观察可以看到这条鱼被烧烤用的铁棍串起来了，突出了餐

品牌主色调

R0 G0 B0
C0 M0 Y0 K100

R 255 G 255 B 255
C0 M0 Y0 K0

厅户外烧烤的特色业务。另外，餐厅菜单的设计也不失为一个亮点。我们把整套品牌视觉语言植入菜单之中，而不像其他普通菜单那样仅有食物图片。不仅如此，El Kapan 餐厅的各种品牌设计元素，比如 Logo、主色调等，都能够相互统一和谐地融入导视牌以及餐桌等室内空间设计中。

餐厅餐位 ↗ 150—200 位

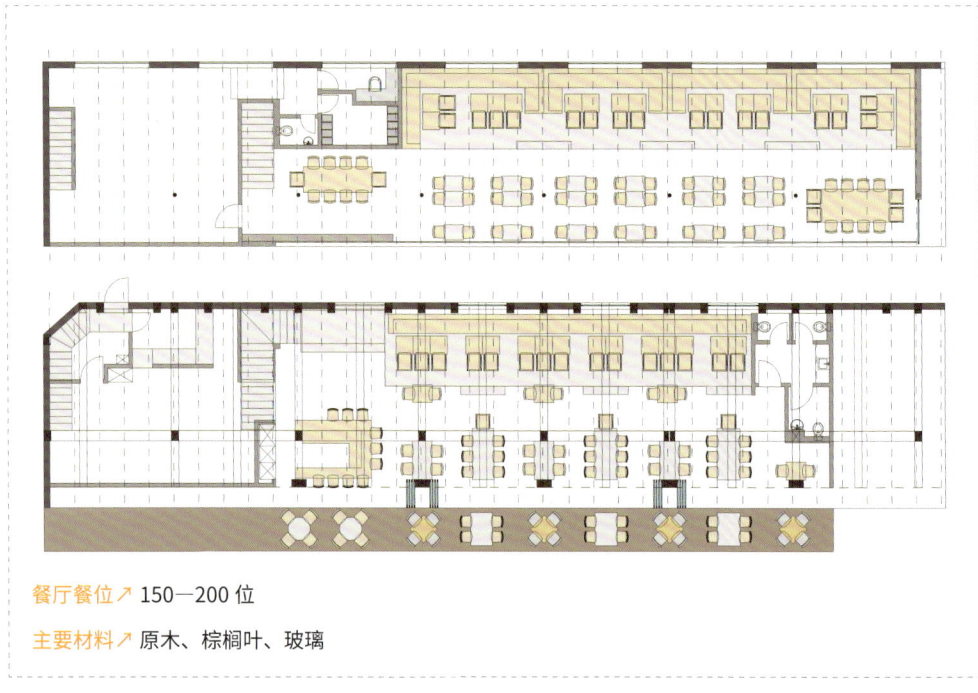

主要材料 ↗ 原木、棕榈叶、玻璃

HAITI
BARBADOS
CURACAO
St.LUCIA 8875km
CUBA 9586km
TOBAGO 9877km

EL KAPAN
EASY
LIKE
MOJITO

● 意大利菜

桀骜不驯的
艺术餐厅
Giulietta

官网：www.giuliettamadrid.com
Facebook：facebook.com/giuliettamadrid
地址：Plaza Manuel Rodrigo, 7, 28043 Madrid, Spain

品牌设计 ↗ Ele&Uve　　**空间设计** ↗ Marta Banús　　**摄影** ↗ Pablo Paniagua

Giulietta 是西班牙马德里餐饮品牌领头羊之一——Grupo Le Coco 继旗下著名的 Fellina 餐厅，最新开设的意大利餐厅。相比 Fellina 优雅而知性的品牌形象，Giulietta 更像是 Fellina 的一位不安分、桀骜不驯、大胆的"妹妹"，有着地中海女性特有的艺术气息。餐厅简介中有这么一句话诠释了 Giulietta 的品牌特质："'她'选择独自来到马德里的郊区，寻找宁静的场所和享受灿烂的阳光，缅怀心中热爱的意大利。"

顾客留言

Ana Gomez：
独一无二的空间！一个能短暂脱离嘈杂外界的舒服环境！装饰如梦幻般美丽，并带着乡村田园的格调！亲切的服务员总是对客人的任何需求特别周到。还有美味的食物以及那些诱人的自制冰激凌！

Esteban RN：
员工年轻、周到、高效。
菜品精致、丰富，食材新鲜。
对我们来说，
那个油煎比萨太令人惊喜了。
餐厅优质，性价比高。

餐厅的理念是："在 Giulietta，你可以死于爱情，但不会死于饥饿。"Giulietta 是许多人曾经梦想拥有的那种海滩上最理想的餐厅。在这个餐厅里，人们可以远离熙熙攘攘的人群，感受意大利吹来的地中海的阵阵微风。当人们在这里和家人与朋友见面时，这就是一个能让人感到愉悦的地方。

Ele&Uve 设计谈

Ele&Uve 品牌工作室由情侣档设计师 Uve Sanchez 和 Elena Santos 在马德里创立，精于品牌、广告、网站、文案等创意领域，客户包括西班牙航空公司、猫牌生力啤酒、马德里巴塞罗托雷酒店等西班牙著名企业。

→ **将工匠精神刻进品牌气质里**

Giulietta 大胆、桀骜不驯的品牌形象气质贯穿了整家餐厅的品牌设计：概念、命名、Logo、菜单，乃至空间设计和食物图片的摄影风格。

我们建立的品牌识别系统是具有弹性的，就像意大利面和意大利比萨的口感一样。有一些品牌应用上的字体和图形显得笔直而锐利，而在品牌另一些应用上则会有轻盈感和曲线美。餐厅的品牌理念体现在三个词上，即意大利面、意大利比萨、爱人（pasta, pizza, lovers），换句话就是：这里就是你寻找的世外桃源。

我们投入了真诚的爱心、大量的时间和专业的知识。我们也想把工匠精神的特质烙印在餐厅的每一个角落。在 Giulietta，所有设计的材料都是我们手工制作的。比如菜单的厚木板是印刷师傅通过丝网一块块印刷制作而成。我们还为了拍摄菜单上的照片，专门制作了一个迷你的拳击场作为拍摄道具。不仅如此，我们也手绘了 Logo 中的一些细节。

pasta, pizza, lovers.
Giulietta

品牌主色调

R 188   G 36   B 60
PANTONE TRUE RED

R 246   G 144   B 157
PANTONE GERANIUM PINK

R 243   G 207   B 179
PANTONE 475 C

R 245   G 236   B 210
PANTONE 11-0507

印刷师傅以丝网印刷一块块厚木板菜单

作为拍摄道具的迷你拳击场

109

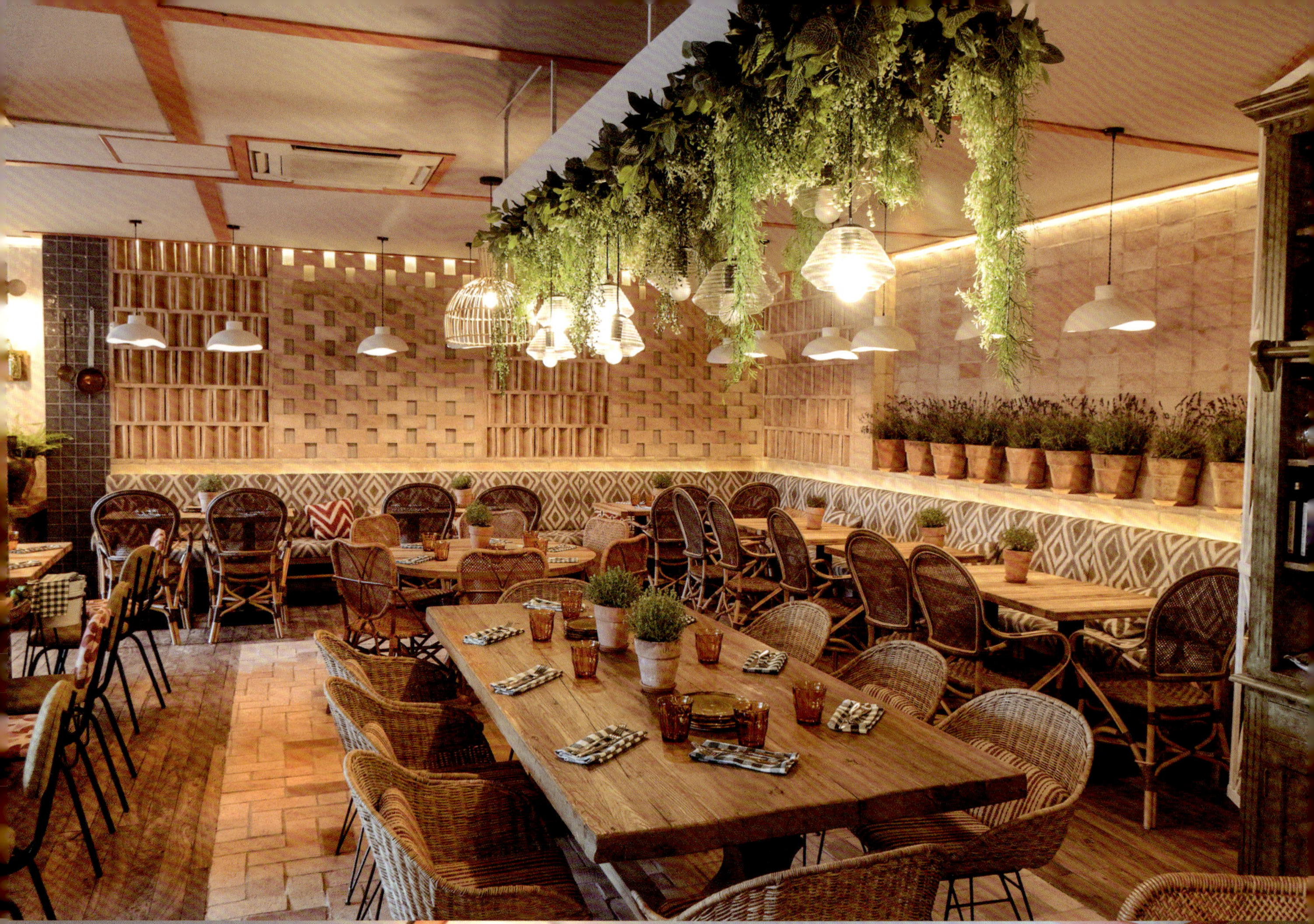

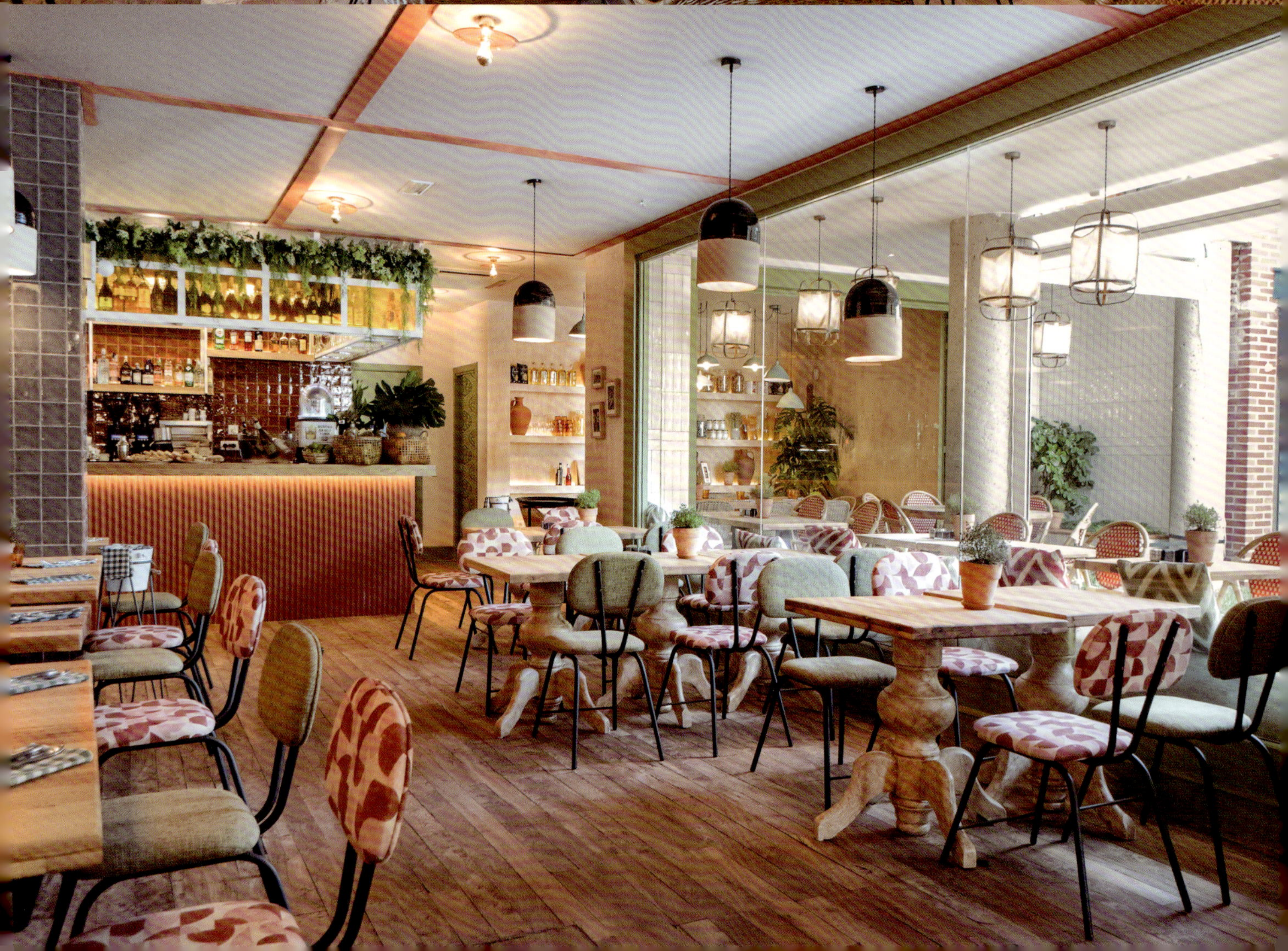

餐厅餐位↗ 100 位

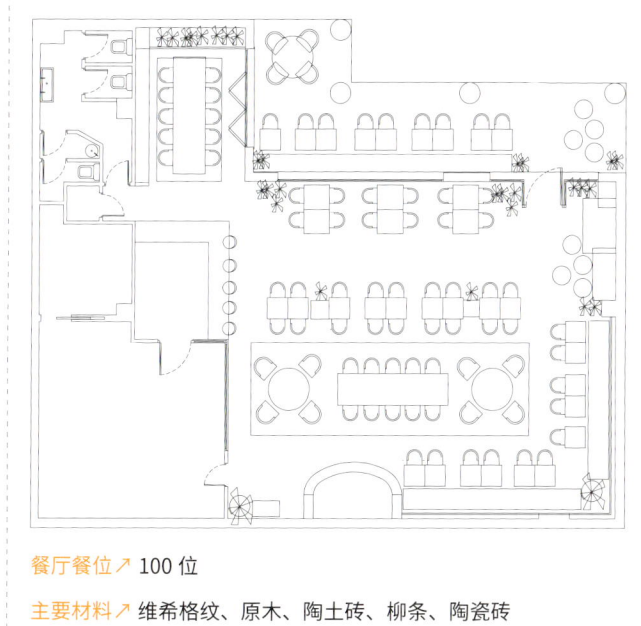

主要材料↗ 维希格纹、原木、陶土砖、柳条、陶瓷砖

Chapter 3

门庭若市分店的畅销考验——

吸引人气的设计秘诀

如何营造"氛围的包裹感"

餐饮的品牌是一个整体的"氛围"。它是顾客对一次吃饭的整体心理预期，是包含了产品、环境、服务、营销等的整体"包裹感"，是"五感体验的复合直觉"。是所有体验的直觉汇总的"一念之间"，是餐饮的"精气神"。

如何营造"氛围的包裹感"？我们总结了三个常识：民艺 × 矛盾 × 素养 = 氛围的包裹感。只有充分地融合、跨界、混搭，感受才越丰富，印象才能越深刻，空间中的氛围才能把人包裹住。

空间中融入民艺，会多一分天真感和朴实感，让人不觉得这是一个被设计出来的"作品"，而是有一种本来就有的"客观存在感"，自带耐用感、皮实感。但从品牌整体给人的感受来说，一个空间不能只有民艺，除了满足顾客对产品正宗、地道的口味认同，还需要满足我们对美好生活的向往。这要求我们既要把握空间的"食欲感"，也不丢失"品位感"，既需要接地气，也要有品位。

制造矛盾几乎是所有艺术的前提，艺术制造觉悟。品牌空间的逻辑也是如此，一个充满矛盾的设计，能够瞬间吸引消费者的注意力。

素养不是注重物体本身的意义，而是强调物与物之间的关系，所以它的意境感很强，空间中比较容易打造氛围，素养之美有直击人心的力量，它通过唤醒并激发人对空间的感知与想象，塑造品牌空间的价值感。

做餐饮不能"搞错氛围"，氛围聚人气，才能不跳戏、不漏气！氛围是一种此刻的"生命力"，一种强大的、吞噬性的气场，密不透风。氛围就是产品的延伸，产品的背后是品类，品类的背后是文化。品牌只有从产品到空间都让顾客感受到一个整体，氛围才能极致，有了极致的氛围才能有极致的人气。

⟶ 文/Rongbrand 容品牌［中国］

品牌策划公司 Rongbrand 容品牌的 Logo

全方位地重视每一个细节

打造一个持续畅销的餐饮品牌，首要的一点是，必须从不同的角度去倾听和理解客户的需求，包括站在客户的角度思考其商业目标和经营方式，以及从设计的角度和品牌消费群体的角度思考。这些初步的认识有助于我们真正地诠释品牌，深入品牌核心的理念，并顺利推动我们与客户下一步的合作，比如提出满足客户需求的设计方案等。

之后我们会挖掘餐饮品牌的亮点和吸睛之处，明确品牌的个性，并把品牌个性总结为几个关键词，然后把关键词视觉化为平面元素和品牌识别系统。

设计带有独特个性的品牌识别系统时，应该使其视觉设计与品牌的商业愿景保持一致，还要重点考虑到目标消费群体。这样就可以传达品牌的个性，塑造顾客对品牌的观感，与竞争品牌区分开来，并在老顾客和潜在顾客之中建立品牌认知度。有一点需要注意，虽然认知度能为品牌带来很大的优势，也就是让品牌被顾客一眼认出，但是视觉上的认知度只是品牌畅销其中一个驱动力，而为顾客营造品牌体验才是重中之重。

品牌体验囊括了餐饮品牌的整体设计，从 Logo、文字设计、配色、图像和品牌调性等视觉设计，到室内装饰、店面外观、氛围和环境等空间设计。

要记住，让人难以忘怀的品牌体验是品牌畅销的关键驱动力。它不仅体现了品牌的使命感和个体的价值，也能让顾客与品牌之间建立起长期的信任和忠诚度。

就 Umeno Café 咖啡馆品牌而言，我们一丝不苟地关注每一个设计细节，以提供最佳的品牌体验，向目标消费者传达品牌的个性。尤其通过创造一个有故事的卡通插画角色来捕捉和传达品牌核心的理念，这个角色不仅可以充当品牌的吉祥物，还能植入在品牌各种应用中，传达品牌的故事。

因为 Umeno Café（见 138 页）是以家庭为目标消费群体的咖啡馆，所以我们尽可能通过贴心、有用的设计细节让咖啡馆与顾客产生互动。从菜单、水瓶、墙面插画、员工制服、餐椅，到为孩子们准备的绘画工具包，都有其存在的意义。

归根到底，我们认为建立餐饮品牌就是全方位地重视每一个细节，这也就是为什么精心构思的品牌设计通过视觉传达和品牌体验，就可以持续地提升品牌在商业经营上的质量。

——→　文／Andon Design Daily Co.,Ltd. ［泰国］

Andon Design Daily Co.,Ltd. 品牌工作室创始人

● 法国日式料理

日式传统建筑的快餐空间
Nobi Nobi

官网：nobinobi-streetfood.com
Facebook：facebook.com/nobinobilehaillan
地址：Avenue de Magudas 33185, Le Haillan, France

品牌设计 ↗ Studio Hekla（Kevin Auger）
空间设计 ↗ Studio Hekla（Antoine Gervais、Johan Luciano）
摄影 ↗ Julien Fernandez

Nobi Nobi 位于法国勒布朗市，占地面积为 396 m²，是以日本街头美食为特色的连锁快餐品牌。Nobi Nobi 的创立灵感来自创始人李先生对法国前些年开始流行的日本街头小吃的概念升级。菜品是按照亚洲传统的烹饪手法和典型的日式料理风格来完成制作的。餐厅创始人从小酷爱亚洲美食和日本传统文化，并向客人提出了一个概念："来到 Nobi Nobi，你就仿佛去日本享受了一顿美味午餐。"这间餐厅为客人提供各式各样的开胃菜、主食及甜点，让每一个人都可以在亚洲街头小吃的氛围中品尝到高质量的菜品。

顾客留言

Fanny Etsameute：
超级大份、唯美、用心！我们想要品尝所有菜！所以我会再来的。强烈推荐。这里还有一个很安静的露台。很享受在这儿的时光。谢谢。

Adèle Sakamaki：
一个干净、舒服的地方，菜单上的菜式比其他店多很多，食物总是那么美味，不能要求再多了、(*´∀｀)ノ苹果馅饺子特别好吃。

Studio Hekla 设计谈

Studio Hekla 设计工作室由 4 位年轻的设计师在法国波尔多创立，他们各自擅长室内空间、家具、平面、网站等设计，客户包括巴黎设计周、国际环保组织、时尚品牌 IDLF 等大型企业和组织。

打造充满日式风格的餐饮空间

品牌主色调

| R 255 G 230 B 31 |
| C 3 M 4 Y 88 K 0 |
| PANTONE 115 CP |

| R 0 G 0 B 0 |
| C 0 M 0 Y 0 K 100 |

| R 255 G 255 B 255 |
| C 0 M 0 Y 0 K 0 |

Nobi Nobi 是一个连锁日式快餐品牌。一般来说，连锁快餐品牌需要构想一个能够兼容强大品牌识别系统的空间概念，并且平面设计和空间设计也能够同时轻松复制。Nobi Nobi 将它优质的建筑材料，以及把品牌识别系统作为空间设计中不可分割的一部分的概念同时融入品牌。

因为 Nobi Nobi 品牌创始人是日本美食的深度爱好者，经过与创始人的探讨，最终我们决定将 Nobi Nobi 的设计重点放在如何以西方的视角重新诠释日本经典建筑，将餐厅打造成一个充满日本建筑风的餐饮空间上。

空间设计的材料主要是老木材和混凝土，暗示餐厅同时具有传统日本和现代日本的两种风格。餐厅空间设计的每一个元素都有各自的功能，比如支撑天花板的搁架可以储物；夹层天花板则悬挂了众多像日本风铃的吊灯。多种不同的座椅也让餐厅内部空间的各个就餐区显得独特。靠近混凝土墙面的背靠背座椅用日本传统木栏隔开。在斜对面，并排的长沙发椅和圆凳，被仿造了日本传统暖帘[1]的黄色幕布笼罩着，再往里走则是高脚凳的区域。

品牌识别系统有高、中、低三种建筑类型的插画，这在餐厅墙壁上随处可见，赋予餐厅一种日本极简主义的视觉风格。不仅如此，餐厅墙壁和黄色幕布印有各种日文，这让餐厅空间显得更加充满日本氛围。此外，品牌识别系统也通过不同尺寸的空间支撑物融入空间。例如，混凝土墙壁的插画让人可以一探日本独特的风景，霓虹灯的广告牌渲染出一种日本都市街头的夜间生活感，印染的黄色幕布则增添了一层日本建筑空间的氛围。

---

[1] 暖帘指日本店铺挂着的一块门帘，上面常印有代表店铺的商号、家纹或其他图案及文字，此外暖帘也可以遮光、防尘、防风，以及避免外面的路人直接看到店铺内。

日本传统木栏隔开背靠背的座椅 　　　　　　　　　　餐厅外墙的霓虹灯广告牌

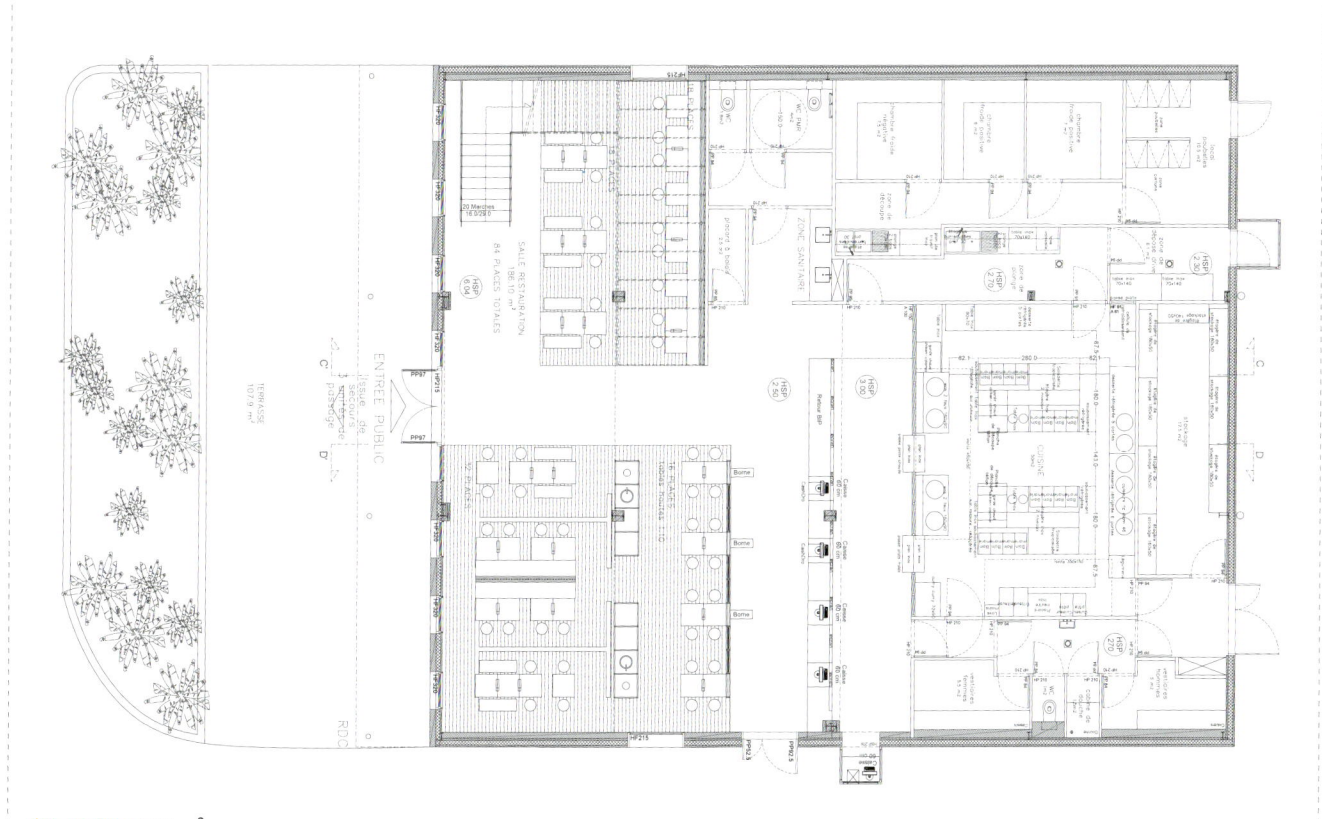

餐厅面积 ↗ 396 m²

主要材料 ↗ 镶木地板、火烧木、橡木、帆布

餐厅部分餐区上方装饰了仿造日本传统暖帘的黄色幕布

左侧为支撑天花板的储物栏架

餐厅夹层悬挂的日式风铃形状的吊灯

品牌识别系统三种建筑类型的插画延伸到餐厅内墙

● 台湾日式汉堡

集结对美好事物期待的日式餐厅
Waku Waku Burger

Facebook：facebook.com/wakuwakubuger

品牌设计 ↗ 两只老虎
空间设计 ↗ 日作空间设计
摄影 ↗ 卓越摄影、两只老虎

Waku Waku Burger 是一家开在中国台湾台北的日本汉堡餐厅，虽然面积只有 30 m²，但它为认真生活、体会生活与享受生活的都市人提供了一个落脚歇息的一隅，让他们可以在这个素雅、有温度的空间里，一同品尝各种美味餐食。

顾客留言

蔡念澎：
一家有各式牛肉堡、咖喱饭等美味餐点的早午餐店
现点现做的温泉蛋肉沫黑咖喱饭初体验很棒 # 饱足感 # 十足的美味浓汤
年轻老板选用 CP 值高的凯撒卫浴产品
摆放整齐的餐具请自取 # 出餐时间 15 分钟，挺快的

Emily Ping：
自制花生酱牛肉堡赞赞，除了有浓郁花生味外，还可以吃到花生粒，与牛肉片超级对味，推荐敢吃花生酱的人一定要来尝试看看。店的地理位置很方便，装潢设计很美，让人很舒服，重点是食物超好，老板也很帅。

2018 年，Waku Waku Burger 首间餐厅 101 店落址于台北吴兴街，不到两年时间，餐厅的中山店又进驻了诚品生活。Waku Waku Burger 101 店因为地点的关系，有很大一部分客群是年轻的上班族，用餐时间比较集中。如今，中山店的客群年龄层和职业开始变得更加广泛，有不少居住于此地区的长辈都愿意前来尝鲜，这无疑是一个非常好的开始。Instagram 美食博主 fuchikolovefood 也给予了餐厅口感方面的高度评价："吃完可以嫁了，空间美之外，餐点也是十分用心！充满日式的细腻度。"

两只老虎设计谈

两只老虎设计工作室位于台中，成立于 2007 年，精于品牌设计、企业识别系统、视觉平面设计等领域，曾多次获得金点设计奖，客户包括兴农股份有限公司、Snaily、德记火锅、SOMA 特调茶饮等。

→

将创始人的个性融入品牌文化

对我们来说，此次品牌设计最重要的是需要深入理解餐厅创始人本身的背景与核心价值观，把品牌的特点放大并且转化成视觉，塑造出隽永、符合市场且有独特气质的设计。根据我们不断的沟通，了解到 Waku Waku Burger 在 2018 年底由两位创始人建立。在这之前，创始人之一的黄彦翔曾赴日本旅游，偶然间听到隔壁女孩用开心的口气说出："わくわく"（谐音"Waku Waku"），以此迸发了创立 Waku Waku Burger 的灵感。"わくわく"在日语中是对美好事物充满期待的意思，据品牌创始人的说法，他希望用亲手制作的汉堡和料理，带给顾客"わくわく"般的好心情，于是以此为店名。

两位创始人虽然很年轻，但有清晰的想法和蓝图。他们很喜欢日本乡村乐队"羊毛与千叶花"（羊毛とおはな）疗愈、自然不造作的音乐，受此启发，他们希望 Waku Waku Burger 的品牌调性是"日常的、不做作的"，希望餐厅能在平凡的一餐中带给大家温暖、满足。更难能可贵的是他们本身就有这样的个性。因此将创始人的个性彰显到品牌，显得更加浑然天成，也是我们做品牌设计的最初切入点和灵魂。

执行这个项目的初期，空间设计师已提供初步的设计氛围参考图，加上 Waku Waku Burger 的创始人自身对于餐厅风格非常明确——日系、温暖惬意。这与我们对 Waku Waku Burger 的品牌视觉想象不谋而合。

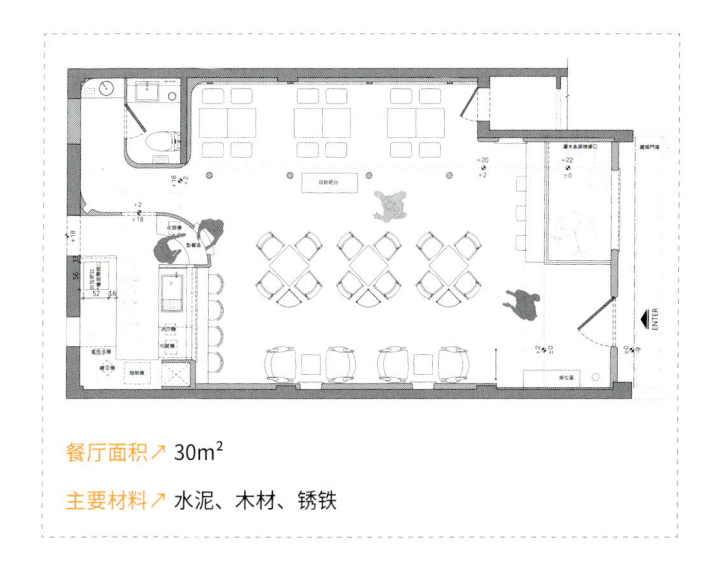

餐厅面积↗ 30m²
主要材料↗ 水泥、木材、锈铁

123

124

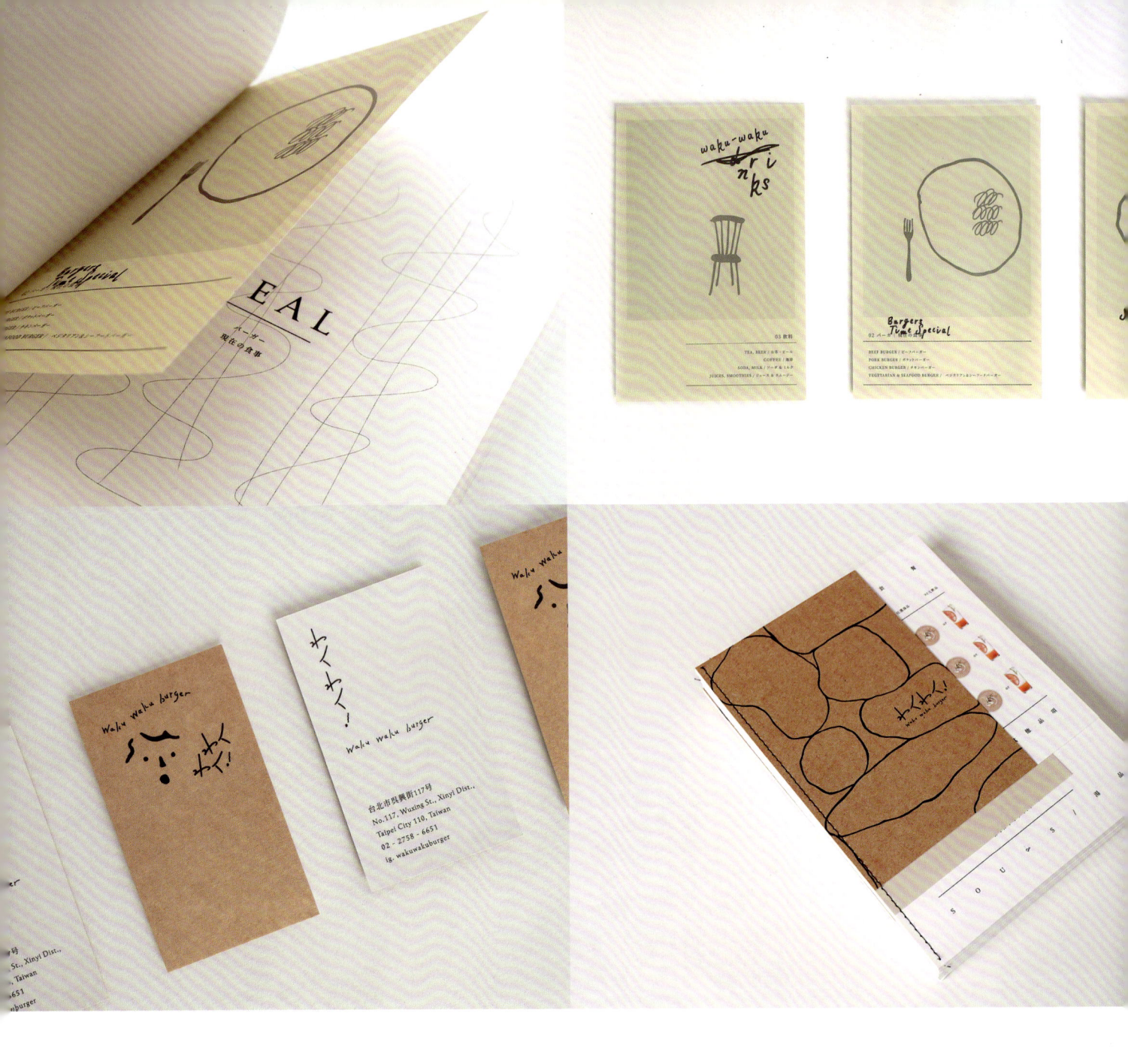

由于这个品牌的定位是"日常的、不做作的",风格是日系、温暖惬意,所以不需要用特别强烈的特色去画蛇添足,且餐厅本身的空间设计已相当完整。目前店内以米白色、牛皮色、黑色为主色调、淡黄色、橄榄绿为次色调。我们要做的,是在看似一切平凡的视觉中,加入细节丰富灵魂。比如加入治愈的手绘插画,把汉堡照片、文字刻意至斜排列,将品牌重要的插画元素以菜单、挂布等形式进行点缀,让用餐的消费者更能感受到品牌视觉所带来的随性轻松、亲近感。就这样,我们偷偷地把自己雀跃的小心思藏在了这些细节里面,好像一个个不经意的小惊喜等待客人的发现。

● 墨西哥咖啡简餐

闻着咖啡的香味醒来
Blend Station

官网：www.blendstation.com.mx
Facebook：facebook.com/blendstationcoffee
地址：Puebla 237, Col, Roma Norte. Alcaldía Cuauhtémoc, C.P. 01180, CDMX, Mexico

顾客留言

Miguel Angel Gonzalez Villarreal：
真心喜欢这家的理念以及超级友好的服务员，毫无疑问，这里的氛围让你工作效率更高。

Alejandra Contreras：
空间十分讨人喜欢，咖啡很香，工作人员态度超好。走时忘了拿眼镜，第二天过来一询问就归还我。这里的一切太 cool 了。

品牌设计 ↗ Futura　　**空间设计** ↗ Solvar　　**摄影** ↗ Salvador Alejandro、Grace Hoyle、Rodrigo Chapa

Blend Station 咖啡馆在墨西哥的墨西哥城市中心的 La Condesa 街区开了第一家店后，不久就因为其对咖啡的专业程度而取得了巨大的成功。于是两年后，在 La Condesa 相邻的 La Roma 街区，他们开设了第二家店，这家店的占地面积约 110 m²。La Roma 街区是墨西哥城的知名街区之一，整个社区新潮前卫，艺术氛围浓厚，新古典主义的旧公寓随处可见，它也是第 91 届奥斯卡金像奖获奖影片《罗马》的外景地。Blend Station 第二家分店延续了第一家原有的餐饮理念和品牌设计，艺术与设计网站 KNSTRCT 评价道："感觉那个我们想象中的大野洋子走进这里后，会摘掉太阳镜，轻声向我们诉说她是如何欣赏这个地方。"

Futura 设计师谈

Futura 品牌工作室由设计师 Iván 于 2008 年在墨西哥创立，擅长品牌设计、字体设计、插画、摄影、纪录片等创作领域。

将新的生活方式注入分店的灵魂

　　Blend Station 的两家店坐落在墨西哥城非常热闹的两个相邻街区，这里到处都是风格相似的现代咖啡馆：老旧的桌椅、爱迪生灯泡、玻璃食罐和牛皮纸包装。我们主要的目标是创造一家与这些不一样的咖啡馆，给予客人愉快的视觉享受和用餐体验，营造一个舒适、温暖的环境。只有这样，才能让这个品牌新颖起来。

　　当我们开始创造 Blend Station 第一家店的品牌识别系统时，墨西哥城的人们正在挥手告别往日非常基本的生活方式——用咖啡唤醒自己，并给予自己新的生活灵感。我们希望把这种生活方式融入 Blend Station 的品牌设计中，暗示一切皆有可能，没有任何边界的限制。同时，我们希望咖啡馆的空间也有这样的感觉。

　　于是，我们以插画故事的形式，不仅把 Logo 设计成一双因喝了咖啡而格外精神的眼睛，还创造了一系列带有鲜明卡通人物形象的插画故事，并把这些插画应用在咖啡馆的咖啡杯、菜单、外卖包装、果汁瓶上。不仅如此，我们也把插画故事大面积地画在咖啡馆的墙壁上，给客人带来

插画生动地应用在咖啡杯、菜单、外卖包装、果汁瓶上

品牌主色调

R 76 G 78 B 86	R 255 G 179 B 171
C 86 M 69 Y 43 K 55	C 0 M 34 Y 21 K 0
PANTONE BLACK 6 U	PANTONE 169 U

R 218 G 217 B 214	R 254 G 243 B 128
C 10 M 8 Y 2 K 0	C 0 M 0 Y 66 K 0
PANTONE COOL GRAY U	PANTONE 100 U

R 187 G 233 B 222	R 141 G 186 B 237
C 20 M 0 Y 11 K 0	C 44 M 16 Y 0 K 0
PANTONE 573 U	PANTONE 278 U

插画故事中的各种人物形象

129

印有咖啡馆名字的咖啡杯

咖啡馆墙壁上印有与其名字相关的文案

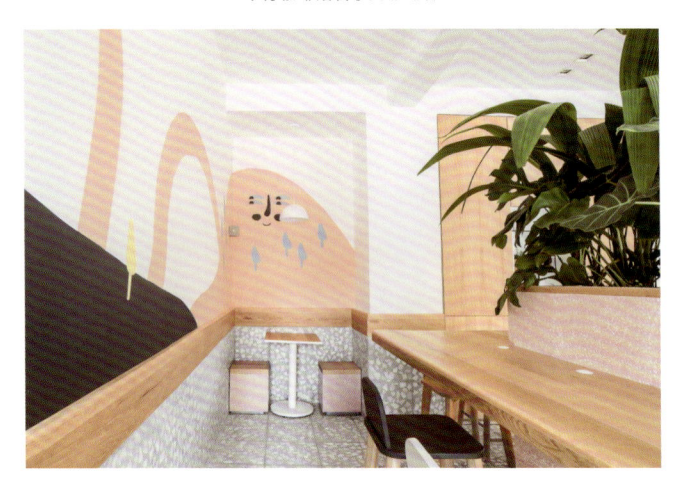

咖啡馆内墙上的插画

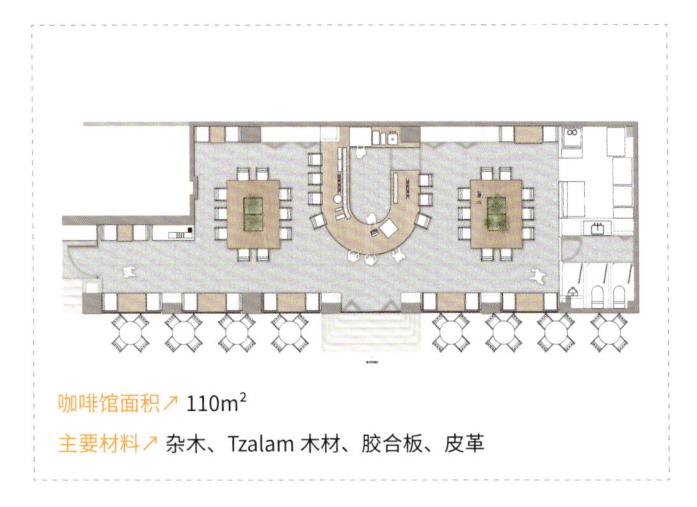

咖啡馆面积 ↗ 110m²
主要材料 ↗ 杂木、Tzalam 木材、胶合板、皮革

"醒来，闻到咖啡的香味"的印象。事实证明，这种设计方式是非常有效的，人们开始因为这些可视化的插画故事而知晓这家咖啡馆，并积极前来拍照打卡。

此外，对于 Blend Station 分店的设计，我们也吸取了第一家店的教训。在第一家店时，我们把精力集中在插画创作上，认为咖啡馆有一个易于识别的简单图标就好了，忽略了把 Logo 的字标"Blend Station"应用在咖啡馆内的各种印刷品和室内空间上，这导致了一个严重的后果——客人无法直观地知道这家店的名字是什么，非常不利于品牌的传播。这一次，我们纠正了这个错误，尽可能地把咖啡馆的名称印在咖啡杯、果汁瓶、纸袋上，甚至咖啡馆墙壁上也适当印有与咖啡馆名字相关的文案。

131

● 韩国铁桶烤肉

来自首尔的文化遗产
新村站着吃烤肉

Facebook：facebook.com/standupplzbbq

品牌设计 ↗ KICK IN DESIGN（陈铎元 *创意总监、简佑全）
空间设计 ↗ 成舍室内设计

新村站着吃烤肉餐厅位于中国台湾台北市信义区，面积为 52.5 m²。别看它面积不大，但是来头不小。这家烤肉餐厅是韩国首尔人气烤肉餐厅——延南站立餐馆在台湾地区的分店。延南站立餐馆历史悠久，自 1953 年开业以来，以其独特的牛肉口味和围绕铁桶站着吃肉的趣味，风靡首尔超过 60 年，在 2013 年被首尔市政府认证为"首尔未来遗产"。

店内没有设置座位，而是围绕铁桶站着感受吃肉的趣味

顾客留言

Chia-an Lin：
肉品选项不多，饭及其他韩式小菜皆需额外付费，但肉品质不错，期间"登月挑战"小活动蛮有趣，也颇有韩国娱乐感。

Rara Chou n：
周末人超多，但服务人员仍然亲切代为帮烤，过程中询问肉质特色与适合烤法，说明都很棒，专人服务让你安心吃肉不用怕焦，自己烤太累了。

台北的新村站着吃烤肉餐厅延续了韩国老店"自由就餐"的经典餐饮理念，从饮料酒水到杯子器皿，都是可以自己直接拿取的，结账的时候告知店员喝了几瓶就可以了。这种特殊的就餐方式吸引了不少客人的兴趣。

KICK IN DESIGN 设计谈

KICK IN DESIGN 餐饮设计工作室由设计师陈铎元在台北创立,精于餐饮业品牌设计,客户包括 Uber Eats、兴记菜馆、新村站着吃烤肉等。

→ **消除从首尔到台北的水土不服**

以这次的案例来说,这是个传统老字号的首次海外代理店,从韩国首尔开到了中国台湾的台北。首先要考虑的是,我们能利用的品牌资源有哪些?分店环境以及来客的特性是什么?需不需要在地化?观察分析后才依照客户设定的营业目标开始进行品牌定位与调整。

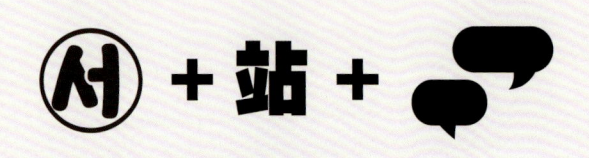

韩国本店已有深厚的品牌资产和文化底蕴,但要直接沟通的话,缺乏系统性的归纳与准确的传达。这次我们整理出了品牌的脉络,以快节奏立食的"意犹未尽"作为品牌沟通的重点,让看起来很辛苦的站着吃变得非常有趣。我们直接以台湾观光客熟知的"新村""站着吃烤肉"作为店名来与消费者沟通,将韩国代表性的铁桶烤肉名店带进中国台湾。

品牌识别系统以韩文的字形结构和红蓝配色来强化韩国印象,Logo 则利用韩国本店老招牌的图腾结构＋中文的"站"字来设计,融合各式东倒西歪的对话框造型,很直觉地传达热闹的酒场气氛,"站着聊天,怎么聊也聊不够"的意犹未尽。

품牌主色调

| R 175 G 48 B 43 | R 35 G 51 B 105 |
| C 35 M 94 Y 92 K 2 | C 96 M 92 Y 38 K 5 |

| R 35 G 24 B 21 | R 238 G 238 B 240 |
| C 0 M 0 Y 0 K 100 | C 5 M 5 Y 5 K 5 |

1953年
當膝蓋遇上鐵桶…
從那之後，我們站了60幾年
新村站著吃烤肉
연남서식당
SINCE 1953
앗 뜨거！

상추
包肉生菜
沒吃過生菜包肉
別說你吃過韓式烤肉
包肉首選
新村站著吃烤肉
미역줄기
金海帶絲
新村站著吃烤肉
완도김

新村站著吃烤肉
야옹야옹
延長營業時間至
凌晨2點

我们将品牌融入空间，空间的设计沿用韩国本店的特色，用标志性的铁桶、自助购物区、大量原木的门面、玻璃窗、古法热压技法制作的招牌等作为符号，加深了走过60年来的复古情怀。除了外观上复刻了一些标志性的元素，我们还将大量的韩文、创办的年份甚至老板的肖像贴上了墙面，不断暗示着客人"没错，这就是你在韩国首尔排队排很久才吃到的那家烤肉"。

值得一提的是，我们把椅子锯成了两半，像装置艺术品一般镶嵌在屋顶和墙面上，像是开玩笑似的和客人说：我们这里只能站着吃喔！

因为韩国本店只供应肉和酒，所以客人们都会在本店巷子口的便利商店采购各式各样配菜、饭、饮料带进店里搭配着吃，形成了人群提着大包小包食材排队进场用餐的奇景。为了重现这个用餐模式，我们在门口设置了一个便利商店区给客人们选购，选购结账后再进场喝酒吃肉。

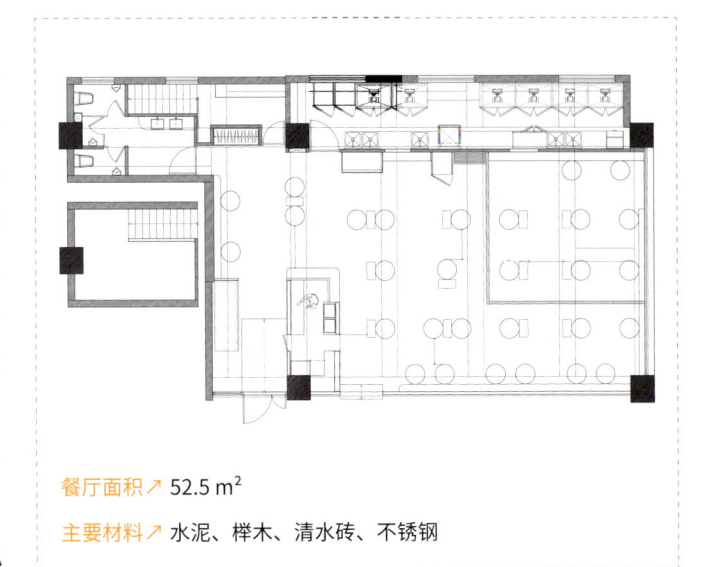

餐厅面积↗ 52.5 m²
主要材料↗ 水泥、榉木、清水砖、不锈钢

餐厅门头外的屋檐下，悬挂着锯成两半的椅子

韩国本店客人空手进店后,桌上就只有肉、酱料和辣椒

餐厅门口右侧有专门设计的便利商店区

餐厅墙壁上贴有韩国总店的创始人肖像画、创办年份和大量韩文

137

● 泰国日式料理

当可爱的兔子
变成豆腐西施
Umeno Café

Facebook：facebook.com/umenocafe

地址：MEGABANGNA (1st Floor, Food Walk Zone) Bangkok, Thailand 10500

Umeno Café 是日本著名的连锁餐厅 Umenohana（日文是"梅の花"，意为梅花）在泰国曼谷的分店，拥有 50 个餐位。Umenohana 自 1976 年创立以来，已有多达 70 家分店遍布全日本，它以日本传统的怀石料理烹饪腐竹和豆腐菜式而闻名。

Umeno Café 延续母品牌的餐饮理念，提供以大豆为主要食材的菜肴、点心及饮品，为客人营造流行而轻松的空间氛围。《曼谷邮报》对于其特色菜式给予这样的评价："虽然 Umeno Café 并非完全素食，但它的豆腐料理绝对是其'明星'菜式之一，让人不虚此行。"

顾客留言

Paul Chang：
游客很少有机会到这边，刚好就在漫威体验馆附近。餐厅菜品价格不算贵，环境清悠，重点是食物非常好，卖相漂亮，难得和餐牌相片完全一致，值得推荐！

Ming Chubby：
美味的食物，很正宗的日式料理。下次必须尝试下豆腐火锅！！

品牌设计 ↗ Andon Design Daily Co.,Ltd.（Pongtorn Wachirapoka[*] 设计总监、Vorathap Kiathaokajon、Nuttavee Jiratthitikan、Vipu Boonsiriyanontachai）

空间设计 ↗ Create Great Design Co, Ltd.

摄影 ↗ Parinya Kawsrito

Andon Design Daily Co.,Ltd. 设计谈

Andon Design Daily Co.,Ltd. 品牌工作室位于曼谷，由一群年轻、热情的设计师组成，精于品牌设计、包装设计和市场营销，曾获得金点设计奖、Hiiibrand Awards 等设计大奖。

创造一个活生生的餐厅卡通角色

我们非常看重餐厅委托的项目企划书，通过企划书理解餐厅关于此次项目的愿景，并努力还原该愿景。在保持品牌调性的同时，我们还需要考虑到当今强调环保、简单工艺的设计潮流。另外，品牌定位等各方面也是我们重点需要考量的。

具体到品牌设计上，Umeno Café 有两个以日本当代手写字体为设计的 Logo，其中一个 Logo 特意加上一朵代表母品牌 Logo 符号和店名含义的梅花，进一步提升了品牌的识别度。整个品牌设计的重点及亮点在于创造一个新潮而友好的视觉系统和一群活生生的兔子卡通角色，后者增加了品牌的独特性。我们设计出的以可爱兔子为主角的插画故

Umeno Café 的双 Logo，其中一个 Logo 模仿其日本母品牌的梅花含义。

在烹制 Umeno Café 美食的兔子插画

品牌主色调

R 163　G 165　B 166
C 19　M 11　Y 11　K 28
PANTONE COOL GRAY 6 U

R 0　G 0　B 0
C 0　M 0　Y 0　K 100

R 241　G 237　B 176
C 2　M 0　Y 33　K 0
PANTONE 607 U

R 181　G 102　B 76
C 5　M 58　Y 97　K 14
PANTONE 167 U

R 205　G 163　B 111
C 11　M 30　Y 75　K 4
PANTONE 7407 U

R 39　G 133　B 88
C 82　M 1　Y 94　K 9
PANTONE 348 U

事,起到了品牌推广的作用。馆内诸多墙壁上的兔子插画描绘了 Umeno Café 在美食制作中的三大流程:

1. 一个豆腐形状的房屋里,兔子们在忙碌地制作豆腐,制作完毕后派送到兔子村。
2. 兔子村里,兔子们互相帮助烹饪 Umeno Café 里各式各样的美食。
3. 在一座菜园,Umeno Café 的蔬菜正茁壮成长。

除了这些,食物摄影也被考虑在内,食物照片需要传达出可口美味的印象。所有这些元素都旨在完整地强化和统一品牌调性,让其脱颖而出。

空间设计的灵感源自品牌简洁的风格、视觉的愉悦和以客人为导向的理念。色彩上,我们选择淡雅、中性的色调和极简的布景为主,再配以淡黄色的餐椅等家具。餐厅主题色彩的灵感是来自 Umeno Café 食物和饮品的主要食材——大豆的颜色。餐厅的布局强调轻松与活力以适应客人,让他们在这里能伴着丰盛的食物进行愉快的聊天。餐厅的灯光则强调了日本老店的梅花形象,让整个空间显得更有活力而优雅。

餐厅内墙上画有兔子卡通角色在烹饪 Umeno Café 的美食

餐厅餐位↗ 50 位

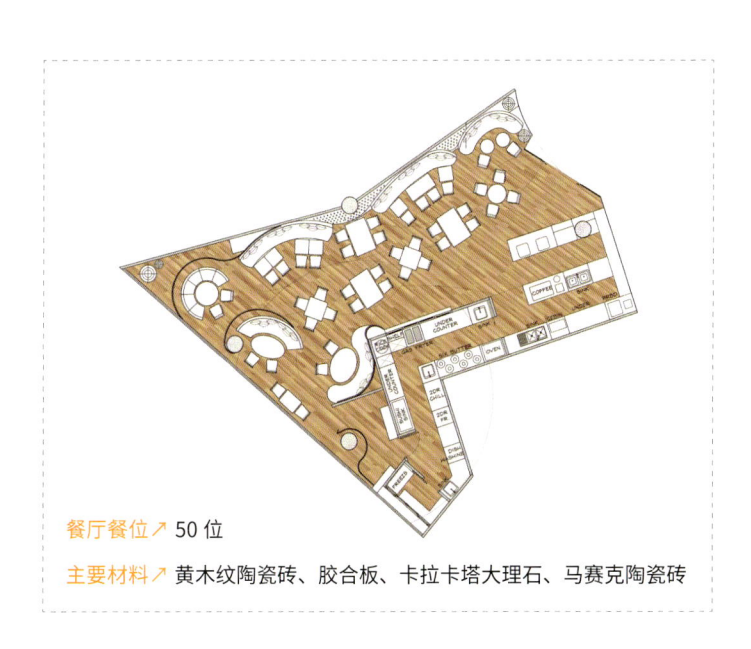

主要材料↗ 黄木纹陶瓷砖、胶合板、卡拉卡塔大理石、马赛克陶瓷砖

143

● 法国韩式快餐

在浪漫的波多尔体验韩国街头美食
Bibibap

Instagram 7210 位粉丝

官网：www.bibibap.fr
Facebook：facebook.com/bibibap.bdx
地址：46 Rue du Pas-Saint-Georges, 33000 Bordeaux, France

品牌设计 ↗ Studio Hekla（Kevin Auger）
空间设计 ↗ Studio Hekla（Antoine Gervais、Johan Luciano）
摄影 ↗ Julien Fernandez

顾客留言

Magali Guénard：
真是开心！！我爱简简单单、香气四散的食物……Bibibap 满足了我！另外，你们真的是好人（我是在这个中午去的，到时离餐厅午间停业只差 6 分钟……换作其他餐厅会直接拒绝我，但你们看都没看时间就接单，还给了我一个大大的笑容……谢谢你们的善意，下次我会和朋友一起过来！）

Sophie Mamode Mallem：
物超所值，分量很大，味道非常可口。记住这家了。

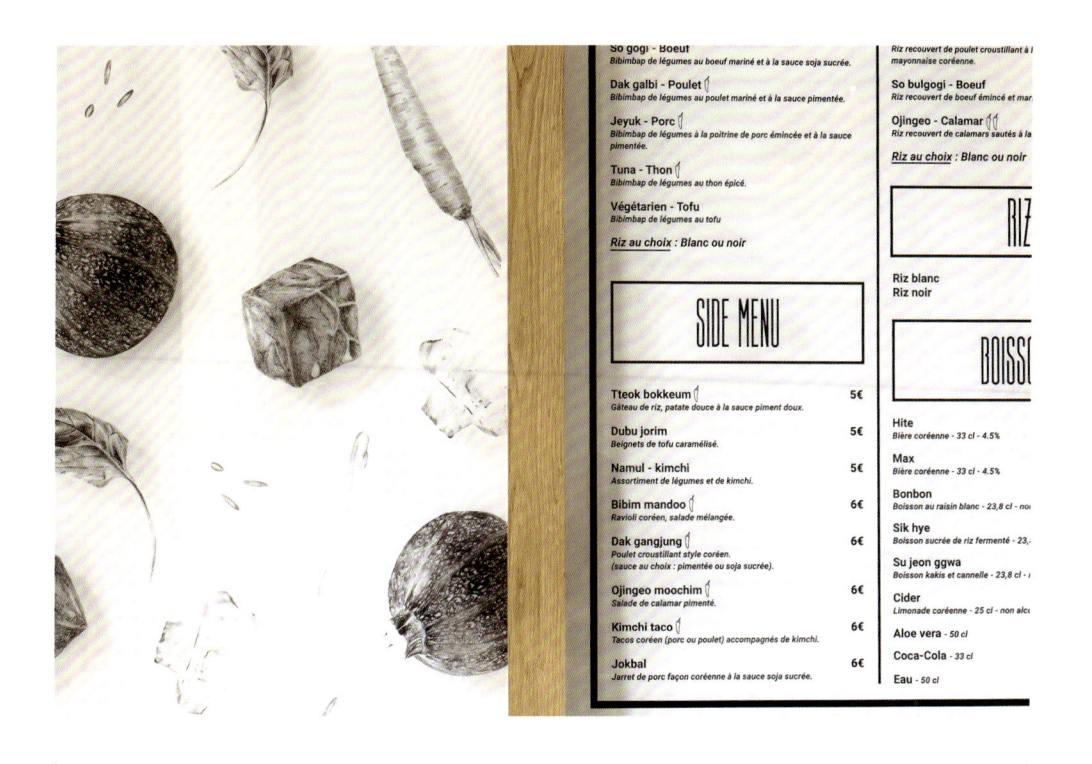

Bibibap 位于法国波尔多市，是一家典型的韩国餐厅，以石锅拌饭、生鱼拌饭和街头小吃出名，餐厅面积约 240 m²。这家餐厅的两位创始人 Christophe Zhang 和 Willy Shi 特别邀请了 Huiman Yang 加入团队作为 Bibibap 餐厅的主厨。Huiman Yang 是韩国人，在 2010 年赴法国学习葡萄酒品鉴之前，在韩国研习了烹饪。由于主厨在本国料理上的优秀造诣，让身处异国的 Bibibap 餐厅也能拥有正宗的韩国口味。

Studio Hekla 设计谈

Studio Hekla 设计工作室由四位年轻的设计师在法国波尔多创立,他们各自擅长室内空间、家具、平面、网站等设计,客户包括巴黎设计周、国际环保组织、时尚品牌 IDLF 等大型企业和组织。

打造非快餐式的街边餐饮文化品牌

Bibibap 的两位创始人 Christophe Zhang 和 Willy Shi 的主旨是打造一种所有人都能享用的优质异国美食。他们除了经营管理 Bibibap 外,同时还是日本美食餐厅 MARUYA 的创始人,他们为波尔多的居民提供了日本风格的精致美食。在年轻的韩国厨师 Huiman Yang 加入 Bibibap 团队后,他们开启了新的篇章。

对于我们设计师来说,因为正宗的韩式餐厅在法国并不常见,所以我们比以往有更多自由的发挥空间,将以韩国文化为切入点和出发点,去探索餐厅品牌的设计概念。

Bibibap 品牌识别系统的亮点在于手绘的韩国食材元素。我们将每一个图形元素都用石墨铅笔手绘而成,以此凸显餐厅食物的视觉细腻感和正宗的韩国烹饪方法,加深地域特征的视觉冲击。

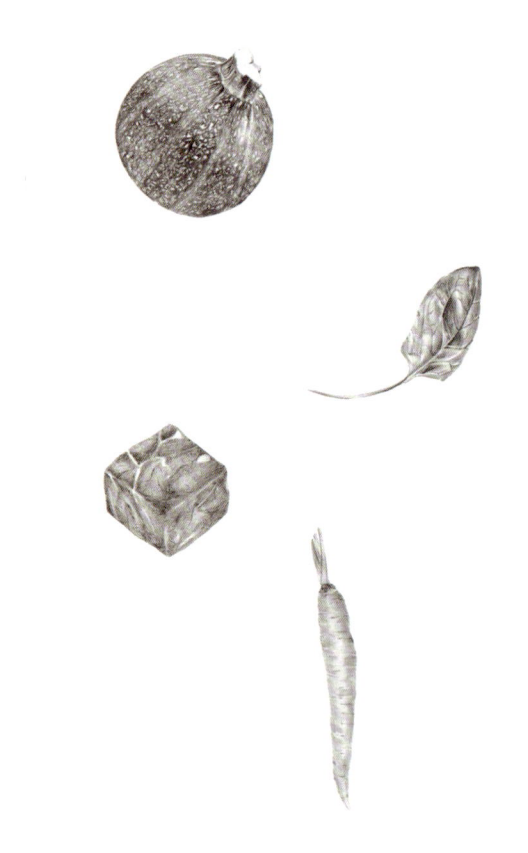

设计师以石墨铅笔手绘韩国食材元素的插画

装有餐厅 Logo 的透明树脂玻璃框被镶嵌在餐厅内墙的木柱之间

关于餐厅品牌 Logo 的设计,我们的灵感是来自餐厅墙面覆盖的众多垂直于地面的木柱,这些木柱与木柱间隔的视觉节奏感让我们设计出了餐厅 Logo 的字体。我们将设计好的 Logo 装在透明的树脂玻璃框里,然后将这些镶满 Logo 的树枝玻璃框镶在餐厅内的木柱之间。另外,取自韩国拌饭食材的图形元素也被贴在墙面上,看起来好像飘在半空中一样,让餐厅的空间显得更有烟火气。

品牌主色调

C0 M0 Y0 K100

R 255 G 255 B 255

A B C D E F G H
I J K L M N O P
Q R S T U V W X
Y Z

0 1 2 3 4 5 6 7 8 9

基于品牌设计概念打造的字体

我们了解到，Bibibap 的餐饮理念是，尽管他们偏向快餐式的饮食类型，但是仍希望能给顾客提供轻松惬意的用餐体验。所以在空间设计方面，我们打破一般快餐餐厅的简洁经济的设计惯例，赋予 Bibibap 一种现代、高档的空间感。格调鲜明的木质建筑结构和柔和的灯光效果为餐厅营造出亲切、清新和真诚的品牌调性。木质结构不仅为空间的高档氛围定下基调，而且还直接决定了菜单、长凳、餐椅等细节的材质。厨房被我们设计成长排的样式，并且采用时下流行的开放式风格，就像一个烹饪美食的舞台，在热情地等待顾客的到来。

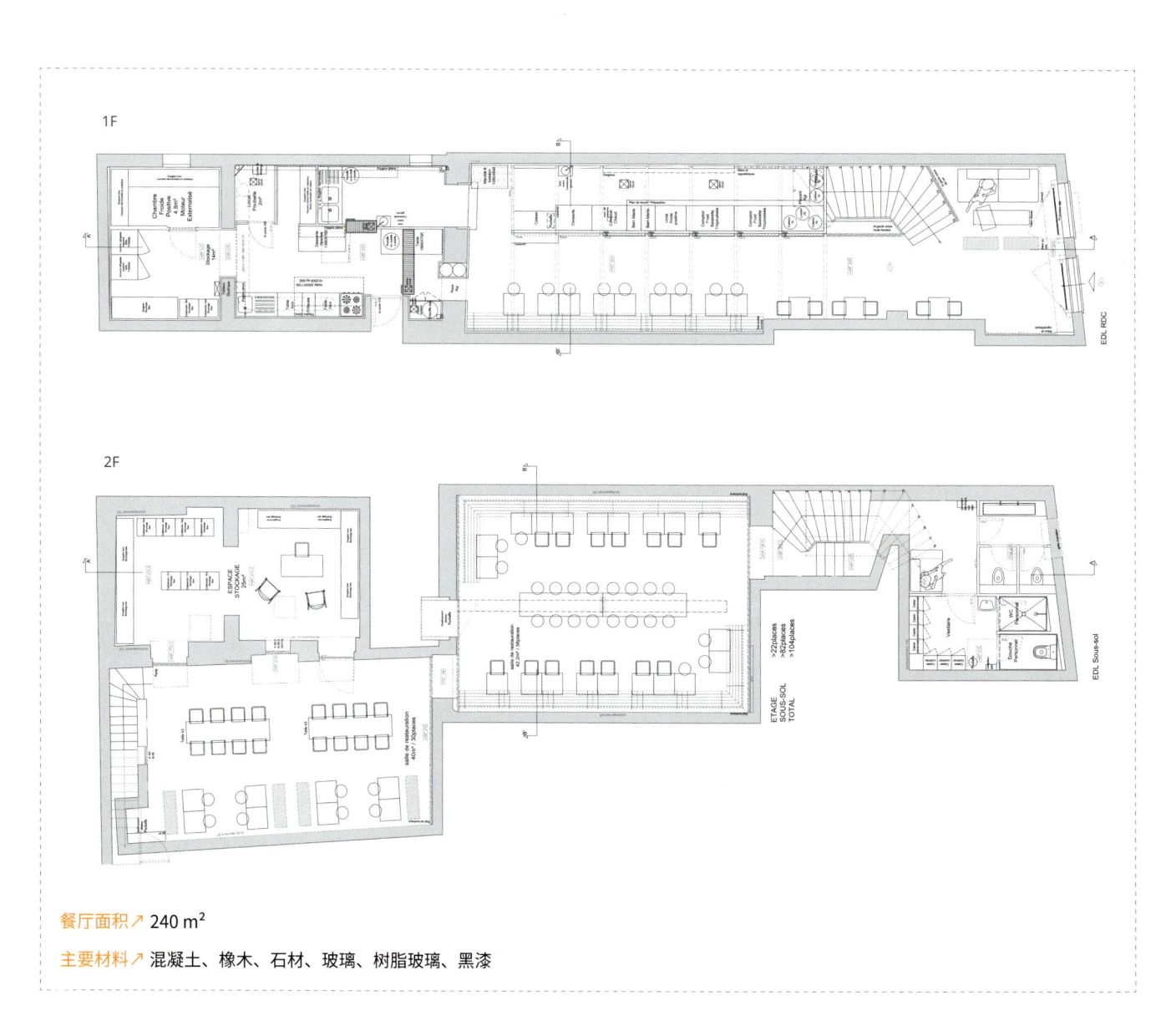

餐厅面积 ↗ 240 m²

主要材料 ↗ 混凝土、橡木、石材、玻璃、树脂玻璃、黑漆

149

● 北京菜　　● 大众点评：北京必吃榜上榜餐厅

一场属于老北京的
沉浸式用餐体验
四世同堂

微信公众号：四世同堂
地址：中国北京市朝阳区西大望路周庄嘉园东里 33 号楼一层

品牌设计 ↗ Rongbrand 容品牌（王碗碗、杨羚曼、崔谭、胡美红、刘怡林）
空间设计 ↗ Rongbrand 容品牌（吴大庆、王海涛、钱建明）
摄影 ↗ 刘佳、小何 & 暄暄

顾客留言

京之侠：
为给远方回归祖国的学子接风，特意选了这家极具老北京特色的品牌餐厅。生意火爆，提前一周订的包房，整体装修风格让人想起《骆驼祥子》的时代，挺让人怀旧的。爆肚、炒红果不错，豌豆黄做的麻将牌太好玩了，葱爆羊肉很赞。

顺其自然：
老北京的风味纯正，我也是好长时间没有去过了，现在还添加了唱戏的，一边品尝菜肴，还能欣赏京剧，真是一种享受，菜品更是没得说，尤其大赤包捉五魁、铜锣烤鸭、干炸丸子、豆汁都非常代表北京特色，值得赞扬，服务水平值得点赞。

四世同堂是北京著名的餐饮品牌，以精致地道的老北京风味菜著名，其餐饮理念是"一顿好饭，让爱团圆"。它的众多分店覆盖北京核心商圈，是京城家宴的领军品牌。家庭、朋友聚会无论何时都不可缺少，而带有京味儿主题的家宴餐厅在北京实属凤毛麟角，四世同堂正是在这极大的市场空白下应运而生。

餐厅一角的橱窗里收藏着各种"老北京"器物

四世同堂自创立伊始，便立足于文化与餐饮相结合，竭力追求"北京文化是吃出来的"的用餐体验。从老北京大菜"锣鼓烤鸭"到源自老舍著作《四世同堂》的"大赤包捉五魁"等创意京味小吃，大到民国北京餐厅造景，小到店内陈列的每一件老北京物件，无一不体现着餐厅浓厚的北京文化用餐氛围。餐厅凭借其精致地道的老北京风味菜、真实细腻的民国老北京年代造景，吸引了大量消费者前往用餐、体验、打卡。

Rongbrand 容品牌设计谈

Rongbrand 容品牌是一家北京的品牌策划公司，成立于 2009 年，聚焦于餐饮、茶和地域特产等消费品领域，以"中国文化激活中国品牌"作为使命和发展目标，提供整体性、系统性的品牌升级及品牌孵化解决方案。客户包括雨林古树茶、遇见小面、阿香米线等餐饮集团和品牌。

通过文化资产撬动顾客热情

这个项目旨在将四世同堂打造成京城家宴第一品牌，以"公有财产，品牌私化"的思路，借力文化资产，为四世同堂找到一个大众喜闻乐见的文化内涵，从而成为撬动人们喜欢这个品牌的驱动力。最终，通过挖掘老北京文化、福禄寿禧吉祥文化和四世同堂的家文化，以及老北京的民艺遗产，我们决定将这些文化自带的人情味和家的味道，变成四世同堂的品牌资产，让顾客能尽享一场属于老北京的沉浸式体验。

在品牌的 Logo 上，我们结合"四世"谐音"四狮"的北狮[1]形象，将狮子踩着的绣球置换为寓意福禄寿禧的石榴、柿子、葫芦、桃子四种果子，增加狮子形象的亲和感。

寓意福、禄、寿、禧的四只北狮

品牌主色调

R 225 G 37 B 27
C 13 M 95 Y 96 K 0
PANTONE 485 C

R 140 G 112 B 78
C 53 M 58 Y 73 K 5
PANTONE 874 C

[1] 北狮，盛行于中国长江以北地区，因其形似北京狗，又称为"北京狮"。北狮在造型上和真狮极为相似，全身以缨毛为被，以兽毛的颜色为主，不论外形、舞形、步法和音乐节拍上的配和，都与南狮不同，它充满了中国北方浓厚的民情，以及柔美多彩而艺术性极高的民间技术舞蹈。

四只狮子组成的 Logo

153

我们在确认了品牌血统后，基于品牌思维开始研究如何打造文化IP空间设计。我们始终相信"先品牌、后空间"的工作逻辑才能够使品牌设计与空间设计不产生割裂，从而更能够统一品牌调性。

如何运用中国民间传统的元素让空间充满故事感，是一个空间设计方面需攻克的难题。最终我们给出的方案是：四世同堂的空间设计以老北京家文化为主导，室内空间以中堂为分界线，左边是街景，右边是四合院。品牌色调选用最能代表祥瑞的中国红。空间内的木结构参考老北京四合院里的榫卯结构，结合柱子包裹的铜片和瓦片贴的金箔，用两种不同材质带来的冲击感，打破了老气沉闷的传统风格。窗户的纹路则选用了品牌的专属纹样"福、禄、寿、禧"的四种果子图案，代替原本普通的传统窗格纹样。

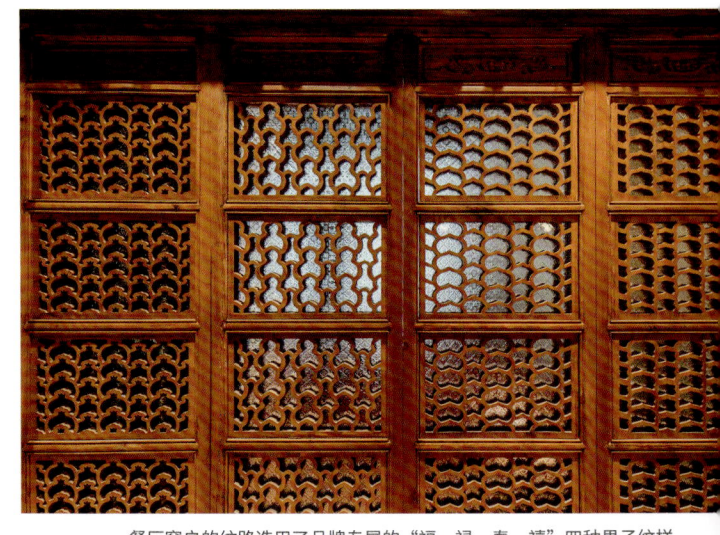

餐厅窗户的纹路选用了品牌专属的"福、禄、寿、禧"四种果子纹样

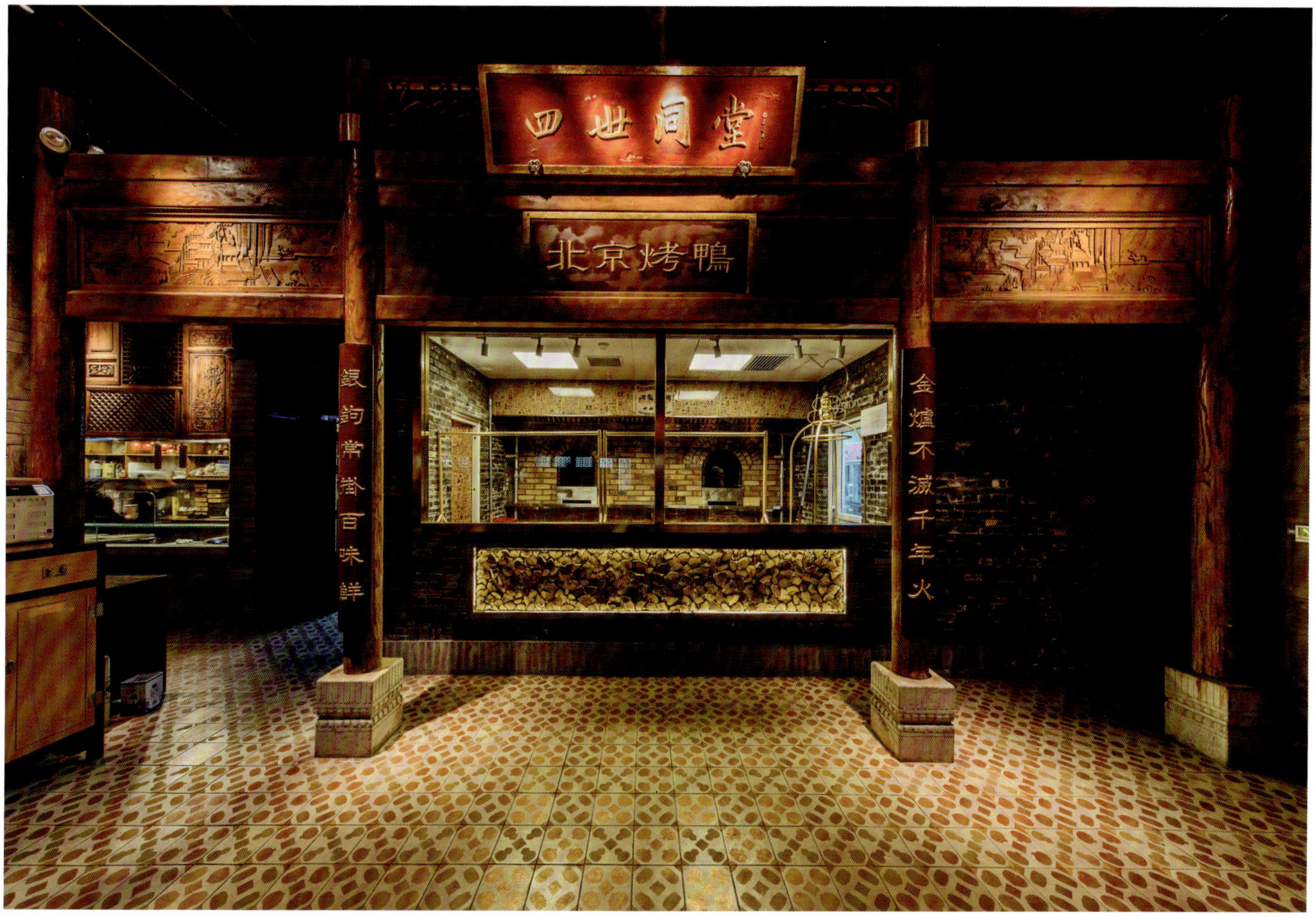
四世同堂
北京烤鴨
銀鉤常掛百味鮮
金爐不滅千年火

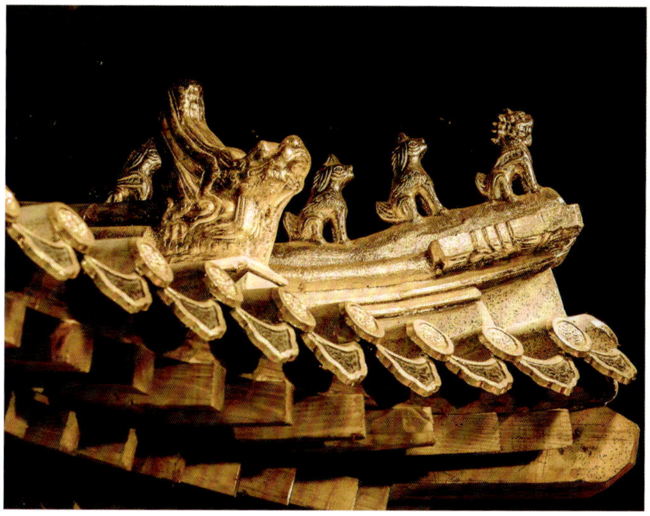

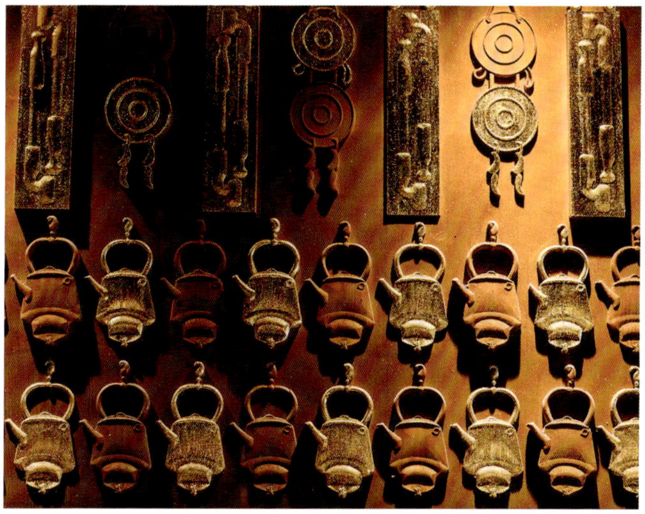

餐厅面积↗ 2000 m²

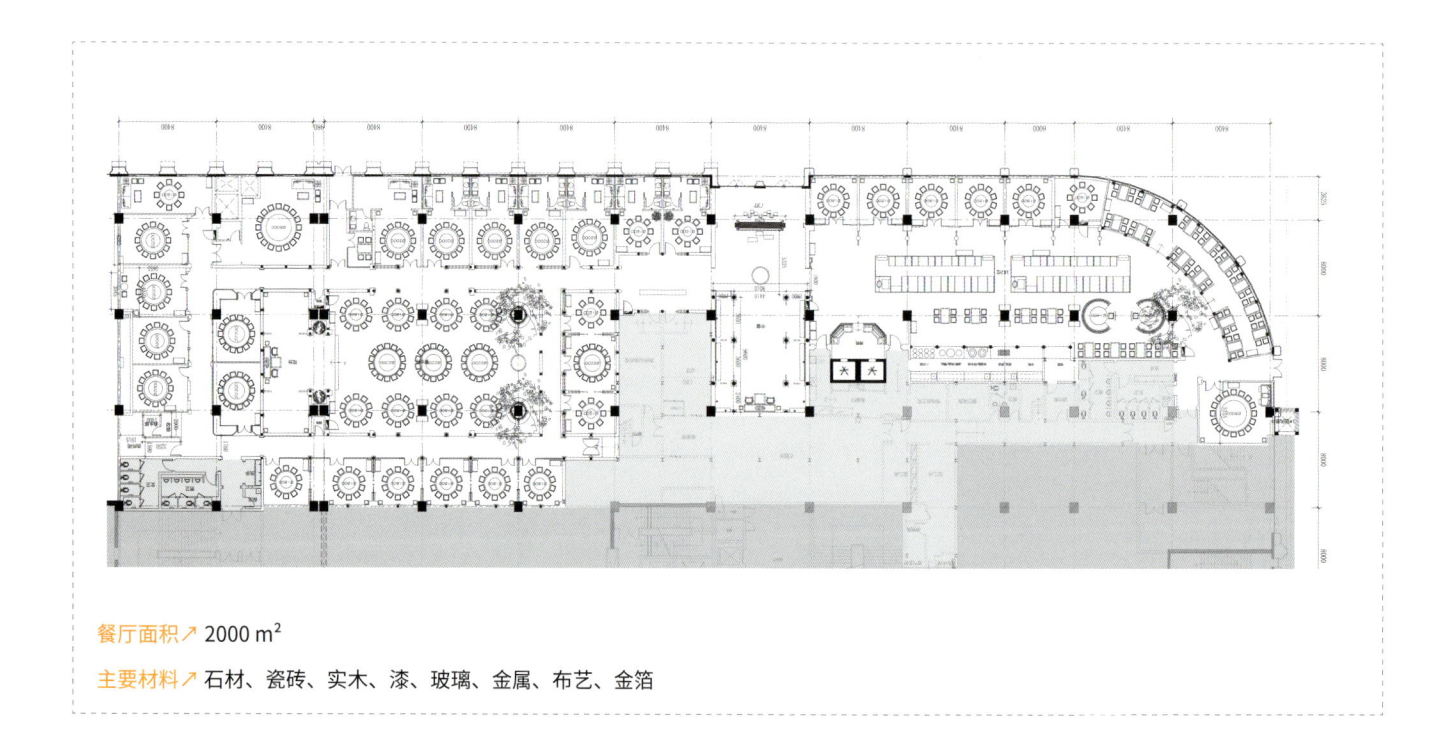

主要材料↗ 石材、瓷砖、实木、漆、玻璃、金属、布艺、金箔

157

- 粤菜　　● 入选广东省餐饮服务行业协会"年度广东餐饮百强"　　● 大众点评：广州乳鸽商户排行 NO.1、广州必吃榜品牌

可以吃的
岭南文化"博物馆"
大鸽饭

品牌设计 ↗ Rongbrand 容品牌（白露、张德刚、余昌耘、李思瞳、小满、陈丽园、刘怡林、青笋儿）
空间设计 ↗ Rongbrand 容品牌（吴大庆、王海涛、陈娜、杨丽、吴子双、钱建明）
摄影 ↗ 小何 & 暄暄

微信公众号：大鸽饭
地址：中国广东省广州市越秀区西湖路 68 号

作为广东的连锁餐饮品牌，大鸽饭是从广州厂房大排档里走出来的乳鸽粤菜餐厅。它的北京路店坐落在广东省广州市越秀区，面积约 1152 m²。大鸽饭能把鸽子演绎出一百多种做法，主打大鸽饭、红烧鸽、盐焗鸽、椰皇炖老鸽和特色岭南菜。大鸽饭年销乳鸽 350 万只，是广州乃至华南区乳鸽销量较多的餐厅之一。广州饮食行业五大协会、《美食导报》联合将大鸽饭餐厅评为"中国·广州（首批）美食地标"。

顾客留言

Candyjennies：
最好吃的盐焗乳鸽，没有之一。个人感觉盐焗乳鸽比红烧乳鸽好吃，吃完了打包两只，后悔买得太少了，应该打包十只带回上海。大鸽饭量很足，选了大满足双拼，里面有鸽肉和鸽肫，很嫩很嫩，也很入味。鸽汤万年青，鲜得不得了啊！

Kinkibbcheung：
每一次来到广州必定来吃！就是冲着他家的乳鸽来哦！皮脆肉嫩！就是好吃！还可以手机提前拿号！不用在门口干等！每次都会应不同节日送不同礼品和小食。太贴心！我喜欢这样的店铺！每一次都一个人干掉一只乳鸽，反正就是好吃。

招牌红烧乳鸽

159

Rongbrand 容品牌设计谈

Rongbrand 容品牌是一家北京的品牌策划公司，成立于 2009 年，聚焦于餐饮、茶和地域特产等消费品领域，以"中国文化激活中国品牌"作为使命和发展目标，提供整体性、系统性的品牌升级及品牌孵化解决方案。客户包括雨林古树茶、遇见小面、阿香米线等餐饮集团和品牌。

打破原有品牌的局限性

经过十四年的努力，大鸽饭在广州早已完成了"大鸽饭＝好吃的乳鸽店"的认知度普及，它是当之无愧的乳鸽品类第一。然而，从"着眼明天"的角度来说，大鸽饭本质上还是一个单品品类，局限性很强。所以，在顾客心中，如何从"大鸽饭＝好吃的乳鸽店"到"大鸽饭＝有广州特色的乳鸽店"的身份转变是本次设计的重点和难点。

经过多次与大鸽饭团队讨论后，我们双方最终得出此次品牌升级的目标是：借餐饮"城市名片"战术，突破"乳鸽品类第一"的瓶颈，冲刺到"粤菜品类代表冠军"。

首先，我们从产品本身出发：你是谁，你从哪里来。这个餐饮品牌本身带有极强的地域属性，只需要把品牌本身的东西挖掘和表达出来即可。就本次项目而言，我们前期进行了民艺资产扫描，发现广州在长期的发展过程中，本土固有的岭南文化和南迁的中原文化交汇，形成了一种独特的岭南文化。这种岭南文化不仅是广东文化的代表，其文化中的市井感也非常适合大鸽饭的品类属

性。例如在品牌Logo的形式上，我们为了规避大鸽饭品牌的品类化，把其品类"牌匾化"，直接采用富有广东特色纹饰的岭南老字号牌匾，使大鸽饭更像一个"老字号品牌"。品牌主色调上，大鸽饭过去的品牌色是浅绿色，太过快餐感，因此我们从广州宗祠祠堂的屋檐雕塑中找到老广州的色彩原型——绿、红、金，将品牌过去的浅绿色调整为深绿色，同时以红色和金色作为品牌的辅助色，树立正餐感。另外，我们也把极具岭南特色的木花格窗纹样和彩绘门神分布于大鸽饭的平面、物料和空间中。

品牌主色调

R 12 G 67 B 36	R 209 G 143 B 64	R 118 G 33 B 35
C 90 M 30 Y 100 K 40	C 15 M 50 Y 80 K 0	C 30 M 90 Y 90 K 30
PANTONE 2411 C	PANTONE 157 C	PANTONE 7628 C

在确定餐厅具有岭南文化的品牌调性后，我们借力"岭南民艺资产"，在大鸽饭品牌中融入岭南民艺，扩大品牌的演绎空间。岭南民艺多元丰富，包含了宗祠文化、民居文化，是从广州当地老百姓"生活"提取出来的产物。将此注入品牌，打造一个"可以吃的岭南文化博物馆"，让平面表达和空间表达不再仅仅寄居于品牌之下，而是与品牌共同构建起一个"岭南家院"的印象。消费者感受岭南文化的同时，也感受岭南当地老百姓生活中浓浓的人情味。

餐厅面积↗ 1152 m² 　　主要材料↗ 石材、瓷砖、木饰面、漆、玻璃、金属

大鸽饭从平面到空间都是一件事，都是岭南民艺的可视化表达。我们主张用品牌思维，打造文化IP的室内设计，不分开，不割裂。基于此，我们通过"设计老戏新唱"，在"岭南折扇文化×广州地标建筑文化"的基础上创作出"折扇广州塔艺术装置"，承载文化意义的同时，动态效果也更具生命力。此外，还以"中国传统对联文化×机械翻牌艺术装置"创作出"对联翻牌动态艺术装置"，像对联一样既承载国人对吉祥祝愿的美好盼望，又能在每次翻牌瞬间，完成对路人一次友好的"挥手示意"。

电视屏幕两旁是餐厅的"对联翻牌动态艺术装置"

● 美式韩国烤肉

站在味蕾的高塔上
笨猪跳

顾客留言

Huang Yi-Ting：
带爸爸一起来吃肉，虽然是三人，幸好店员有说要点双人的就好，因为分量已经很多了。果然吃不完还打包带回家，牛肉超级好吃。专人代烤服务超棒的，店员真的都很亲切，随时面带笑容，颜值也都破表。

Chang-Hsing Hu：
第二次造访，分量真的很够吃饱饱，小菜生菜续加一点都不马虎，升级的石锅拌饭锅巴好好吃！加点的韩式炸鸡酥脆甜甜的很好吃！昨天实习服务生服务也很有效率，下次还会想再去！

品牌设计 ↗ 两只老虎
空间设计 ↗ 有间设计工作室
摄影 ↗ 两只老虎

Facebook：facebook.com/BungyJumpBBQ.TC

笨猪跳是美式风格的韩系烧肉餐厅，其 Facebook 拥有 17461 位粉丝，总店位于中国台湾台中市西屯区朝富路，面积约 50 m²。除了台中总店外，还有台北、台南和竹北几家分店。餐厅引进了韩国汽油桶烧烤肉的形式，配以各式传统小菜，结合新潮、时尚、创意等元素，带给顾客愉悦热闹的用餐体验。汽油桶烧烤肉是韩国正在流行的烤肉方式，每一桌顶上安装有长形的吸烟管，可以避免烤肉时散发的烟味，优化了客户体验。从烤肉方式来看，可以选择自己烤或由店员代烤，店员代烤非常专业，每种肉的熟度都刚刚好。Instagram 美食博主 money9992 曾经对他们专业的服务表示了认可："只能说他们家真的很贴心啊，10% 服务费给得很甘愿。店员桌边服务的烤肉超美味！最适合我这种只会吃的人了"。

两只老虎设计谈

两只老虎设计工作室位于台中，成立于 2007 年，精于品牌设计、企业识别系统、视觉平面设计等领域，曾多次获得金点设计奖，客户包括兴农股份有限公司、Snaily、德记火锅、SOMA 特调茶饮等。

用美式工业风格突出餐厅的强烈而明快的品牌特质

在设计前，我们了解到"笨猪跳"的命名本身非常有趣，它是形容烤猪站在味蕾的高塔上，充满勇气地纵身跃下，在烧烤架上起舞翻滚，带给客人千变万化的味觉震撼及惊喜感。而餐厅的英文名"Bungy Jump"也正好是笨猪的谐音，与其中文名字相呼应，不乏有趣和俏皮的意味。

餐厅创始人和我们交流时，希望我们能带给这个品牌更加新潮、创意的综合元素，凸显品牌的文化特质。因此，在品牌设计方面，我们决定用鲜艳缤纷的涂鸦式工业风格来表达创始人的"多样性"诉求。餐厅 Logo 设计方面，我们绘制了圆润、轻快的 Logo 图案及字体的组合，就像猪肉在烧烤时弹跳、舞动的样子，异常明快和可爱。

餐厅 Logo 模仿猪肉在烧烤时弹跳、舞动的样子

品牌主色调

PANTONE 172 U

PANTONE 7404 U

PANTONE 5255 U

PANTONE 489 U

167

执行这个项目的初期，我们就与空间设计公司展开过多次开会讨论，双方展示了初步设计氛围的参考图，主要聚焦点在于如何突出视觉上的呈现。因为笨猪跳的品牌识别系统是比较美式、多彩缤纷、欢乐的视觉风格，所以最终的结论是空间设计的风格将以工业风，也就是以较粗犷、原始的视觉风格为主。

在空间设计的细节上，采用美式灯泡招牌、富有韩国特色的汽油桶等作为装饰，点缀在餐厅各处。事实证明，这些细节设计也成了非常具有话题度的装饰，不断吸引食客们前来打卡留念。

正因为我们与空间设计的团队从项目前期到结束都保持了充分的沟通，所以整个餐厅的品牌形象的串联性是非常高的。

餐厅内部点缀着富有韩国特色的汽油桶

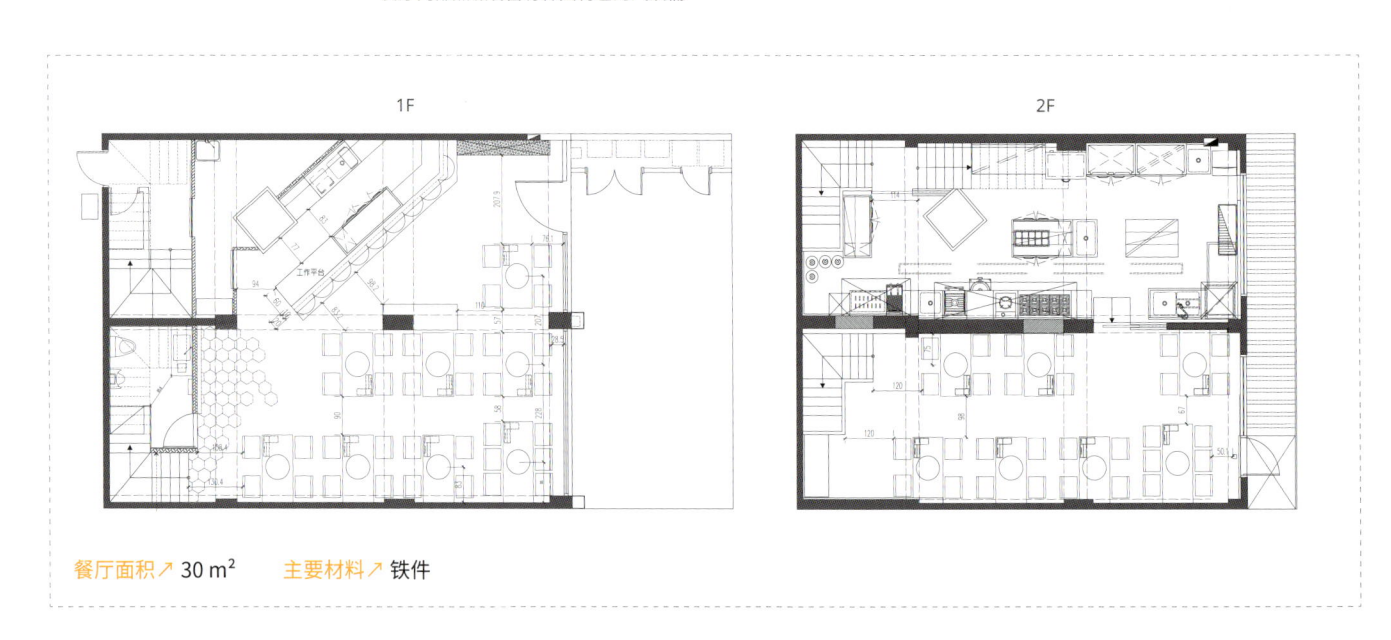

1F　　　　2F

餐厅面积↗ 30 m²　　主要材料↗ 铁件

169

● 法国越南菜

在回乡探亲的
旅行中收获灵感
Bànội

官网：www.banoi.fr
Facebook：facebook.com/banoirestaurant
地址：129, rue Amelot 75011 Paris, France

品牌设计 ↗ Cyril Dosnon **空间设计** ↗ Cyril Dosnon、My-Ly Pham **摄影** ↗ Cecile Chabert

顾客留言

Marie Mattei：
简直美味！

Elsa Orus-plana：
棒！全巴黎最好的餐厅之一！我们太爱这里的一切！一切！一切！

Bànội 位于法国巴黎，是一家以春卷为招牌菜的法国越式餐厅，其总店占地面积约 30 m²。餐厅创始人 My-Ly Pham 是越南裔，餐厅名"Bànội"在越南语意为"奶奶"，在这里特指的是 My-Ly Pham 的奶奶，用此命名是为了更好地渲染餐厅的越南文化感和温馨的家庭氛围。Bànội 的招牌菜越南春卷并非小吃，而是像在越南本地一样被当作主食，可以单独享用，也可以伴着椰子汤、面包，甚至白葡萄酒食用。Bànội 的一切食材都是新鲜的，餐厅的食谱则是创始人根据多次回乡探亲的旅行中捕获的灵感而自主研发的。《时尚》杂志评价道："Bànội——阿姆罗特街上的一家漂亮的餐厅，由 My-Ly Pham 经营，春卷是菜单上的明星菜式。"

餐厅创始人 My-Ly Pham

餐厅招牌菜越南春卷

Cyril Dosnon 设计谈

Cyril Dosnon 生活和工作在巴黎，擅长品牌设计、手绘字体设计和插画，曾两次获纽约艺术指导协会年度奖，客户不仅包括巴黎爱乐音乐厅、法国 Canal+ 电视台、Forum des Halles 购物中心等大型机构，也有非营利小型机构。

在越南文化元素中
提炼品牌亮点

因为餐厅的品牌植根于越南文化，所以我们收集了很多相关灵感素材，选取其中最能代表我们想传达的越南元素。至于 Logo 的肖像图标，则直接取自我在十年前为餐厅创始人 My-Ly Pham 的奶奶拍摄的照片。奶奶对于创始人来说具有非常特殊的意义，也是创始人创立这间餐厅的缘由之一。身为越南人的 My-Ly Pham 在童年时期经常与她的奶奶一起回亚洲与家人团聚，在一次次的旅程中，她与奶奶发现了许多有趣的东南亚美食。长大后，她决定开一家餐厅，里面的食谱源自她多次回乡探亲旅行中收获的美食灵感，比如曼谷的咖啡、缅甸的花生酱、泰国的椰子糖等。

正因如此，我们设计了红色的印章作为此次品牌设计的一大亮点。虽然印章在餐饮品牌设计中是常见的应用，但对于 Bànội 来说却具有特别的含义，因为 Bànội 正是在一段段旅途中诞生的，而象征旅行时盖上的签证印章正好呼应了这样一段故事。对于品牌设计而言，菜单、Logo 和色彩都是这个品牌最主要的几个元素。我们尽量在每一个小细节上都能精心设计，从而体现餐厅的品牌特色。

餐厅墙上悬挂着创始人奶奶的照片

餐厅以创始人的奶奶肖像为灵感的 Logo

为品牌设计的各式印章

品牌主色调

R 0 G 0 B 0
C 0 M 0 Y 0 K 100

R 200 G 0 B 0
C 0 M 95 Y 100 K 0

R 255 G 250 B 246
C 0 M 3 Y 4 K 0

R 200 G 229 B 219
C 25 M 0 Y 15 K 0

餐厅面积↗ 30 m²　主要材料↗ 木材

　　我们以同样的理念来设计餐厅的室内空间，力求再现越南餐厅的亲密和轻松氛围，并尽可能贴近自然。因此，选用了木制的家具、有图案的地板、老旧的墙壁、天然的植物和红色的塑料凳子。我们希望通过这样的空间设计让前来就餐的客人感到舒适，就好像在别人的家里吃饭一样，轻松惬意。

175

沉浸在台湾的好山好水之间
牪客

地址：中国广东省深圳市宝安区沙井新桥北环 66 号

牪客是坐落于中国深圳沙井的台式料理品牌，以牛肉料理为特色，多年来在深圳默默耕耘台湾料理之美。餐厅创始人张先生在中国台湾长大，以前他父亲的工作是制作便当，所以他有很多关于台湾美食的记忆。张先生本身也喜欢自己烧菜给家人享用，后来他在深圳工作后，就一直心心念念想做台湾风味的餐饮。牪客开业至今，他都会在台湾寻找好吃的美食更新菜单，希望能将台湾美好的餐点菜肴介绍给深圳食客。

顾客留言

Lclcjunjun：
超级喜欢吃台湾菜的我每次去沙井，小伙伴就会带我各种吃吃吃。话说沙井真的蛮多台湾菜的，这家牨客可以说包揽了附近一带的宴请聚餐。好吃，环境又不错，价格又实惠，就数牨客了。

Aries_L：
还是之前的存货～
还不错的一家台湾菜。听说老板在附近共开了三家店，而且真的挺受欢迎的，不乏回头客。

餐厅主打牛肉料理

品牌设计、空间设计、摄影↗大象设计

大象设计设计谈

大象设计整合有限公司位于台北,由平面设计师王胤卓、李玮钧和室内设计师林伟正、产品设计师潘岳麟组成,客户包括富士康科技集团、台湾农畜、台湾创意设计中心等。

梳理并更新品牌的逻辑

品牌主色调

R 186 G 151 B 101
C 30 M 40 Y 70 K 0
PANTONE 875

R 35 G 31 B 32
C 0 M 0 Y 0 K 100

R 217 G 70 B 90
C 0 M 85 Y 50 K 10

在开店初期,牪客的品牌概念是比较混乱的,因为餐厅团队内部没有专职做品牌规划的人员,所以他们的本店和分店,其实一直没有做出很好的分类和规划。我们接手的第一件事情就是按照创始人张先生对品牌概念清晰的诉求,帮他们梳理品牌逻辑,再完成清晰的品牌设计与空间设计。

一个成功的餐饮品牌设计,最重要的是先去寻找这个餐饮品牌赖以生存的价值。虽然饮食是一个很好为大众理解的东西,但是如果缺少自身的文化内涵,就和普通的小吃店没有区别。所以对于我们而言,深挖牪客这个品牌的文化精神,再由其品牌文化作为基础,构建出来的品牌形象才有更深刻的意义。牪客创始人告诉我们,他希望借我们之手,让他热爱故乡、热衷故乡饮食文化的意念能够展现。所以我们致力于在整个设计中体现创始人对于中国台湾方方面面的热爱之情。

我们首先从品牌名入手,因为知晓"牪"字读音的人很少,创始人一度想更换品牌名,但因为更换品牌名后,要进行更复杂的品牌全盘再造,我们担心原本的消费群体会产生混淆。所以在进行品牌的视觉设计时,我们并没有放弃原本的品牌名,而是特别将"牪客"两字做成大量的应用图形,让它反复地出现在各种实物中。

餐厅的 Logo 设计以牛浸泡于水中的意象表现,隐约透露出台湾美好的山间水色,辅以"牪"字及其拼音发展出的延伸图案,将其隐藏在餐厅各处,让牪客以牛肉料理为本的品牌诉求以低调简约的手法展现。

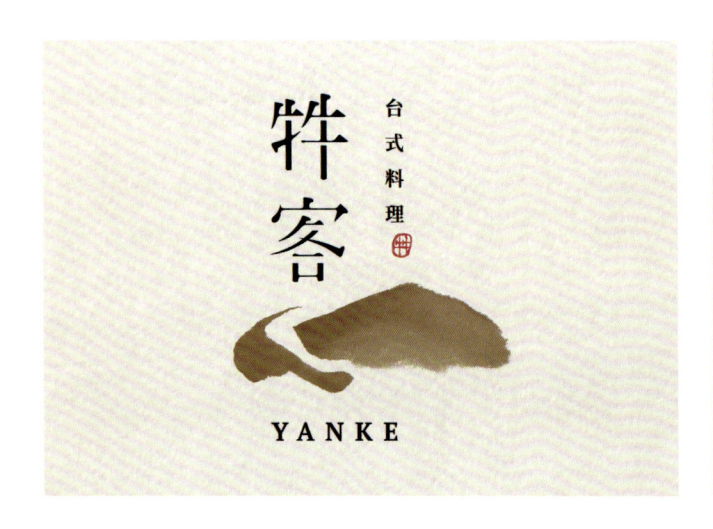

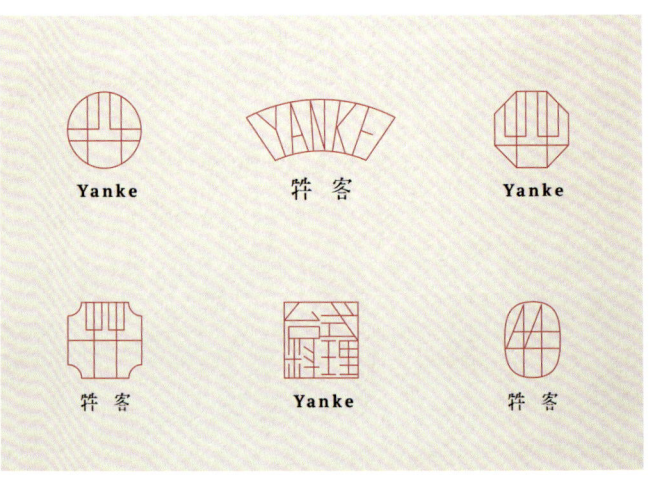

以"牪"字及其拼音发展出的延伸图案

178

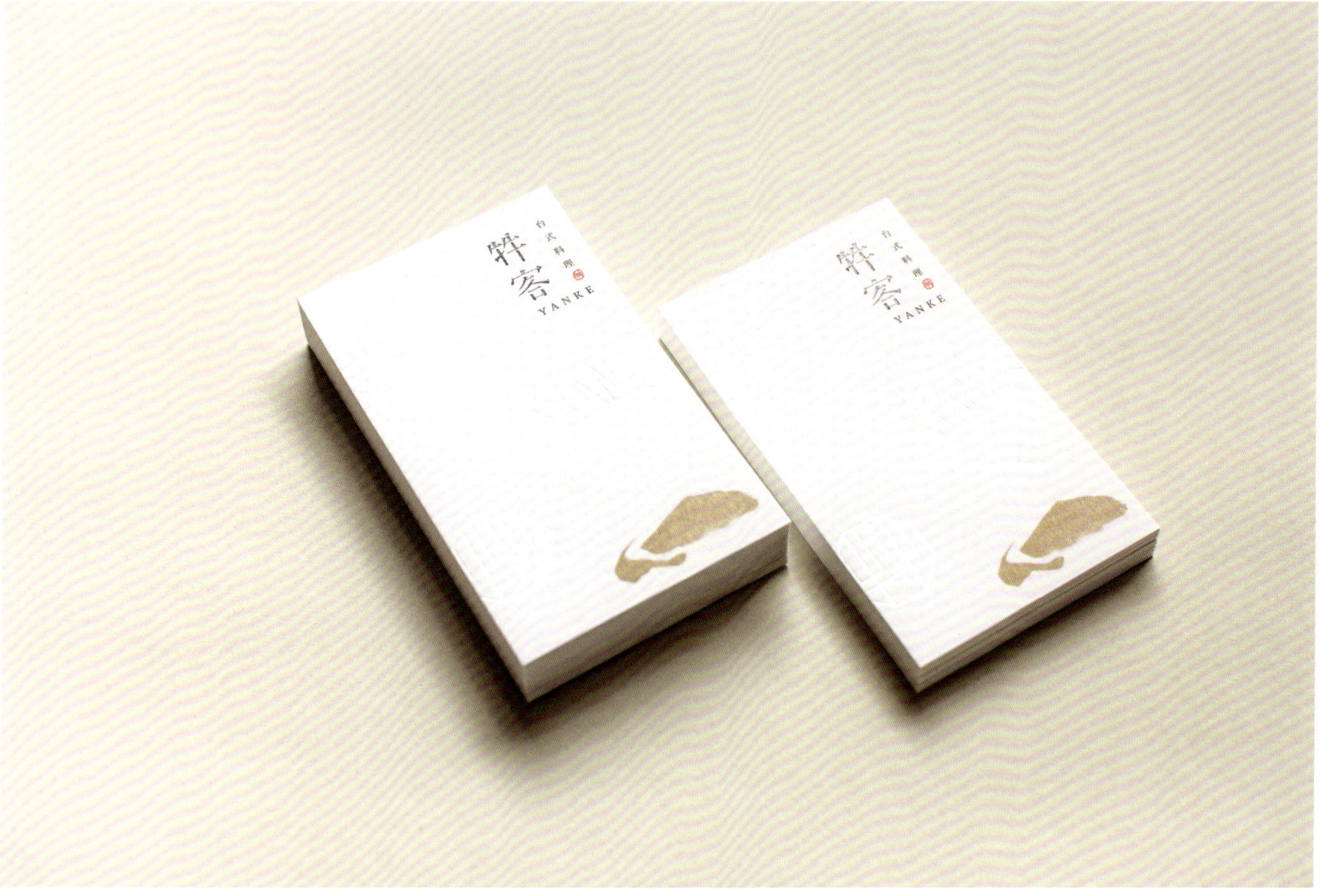
台式料理
YANKE
台式料理
YANKE

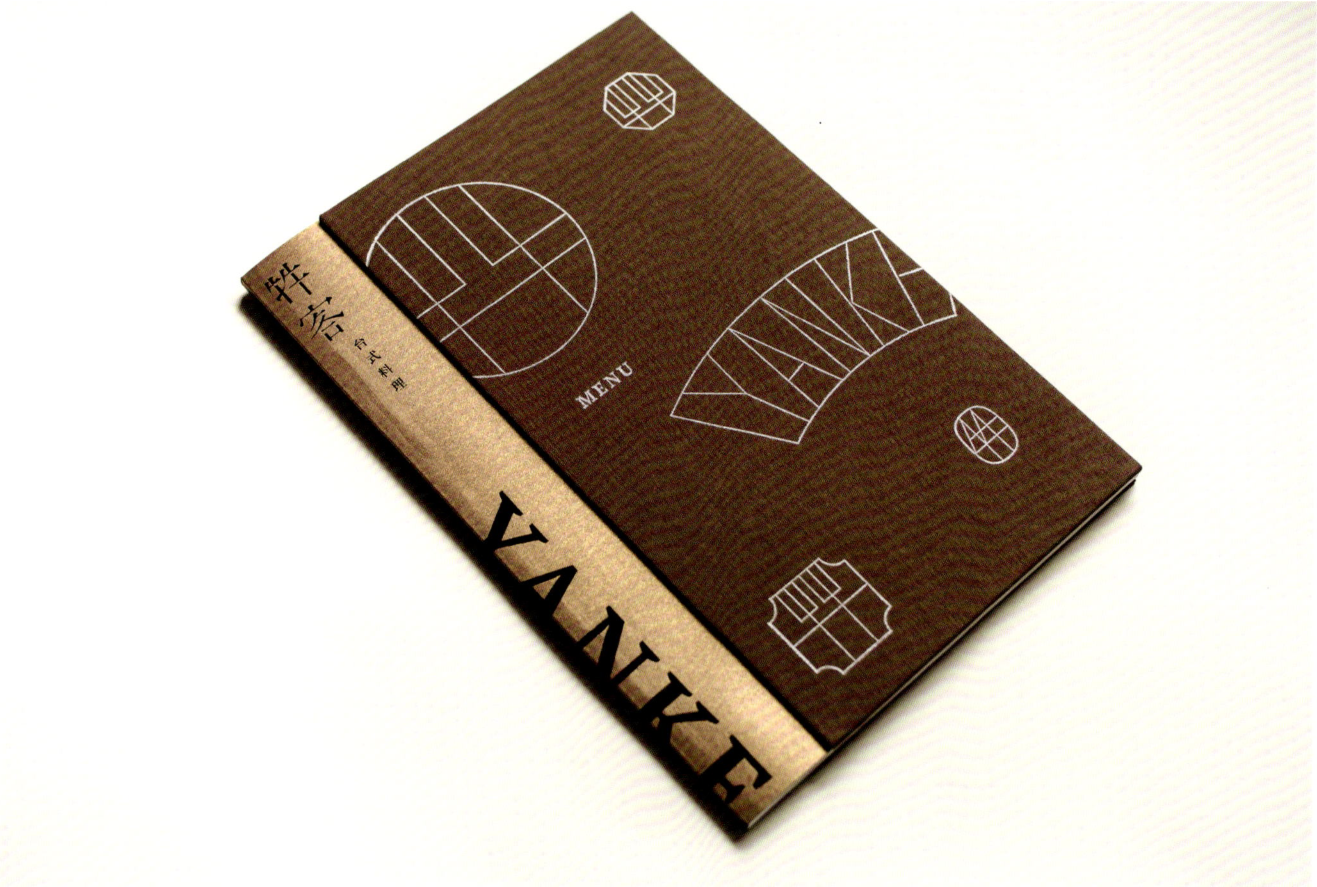
台式料理
MENU
YANKE

"牪"字的图形成为铁窗花造型

在空间设计上，我们将"牪"字创作成铁窗花造型，变成区分空间的一种装饰，隐而不晦地将牪客以视觉元素融入餐厅周围。从整体空间设计的风格来看，我们摒弃了奢华风，如创始人所愿，将台湾质朴美好的用餐氛围带给客人们。因此，我们在空间上保留了大面积的采光、挑高，并搭配大量温润的松木、橡木，塑造出宁静闲适的用餐氛围。另外我们也采用方砖、文化石、淋雨板等富有台湾地区传统建筑的元素，让中国台湾这个地方的人文风俗更加直观地展现在牪客的客人眼前。

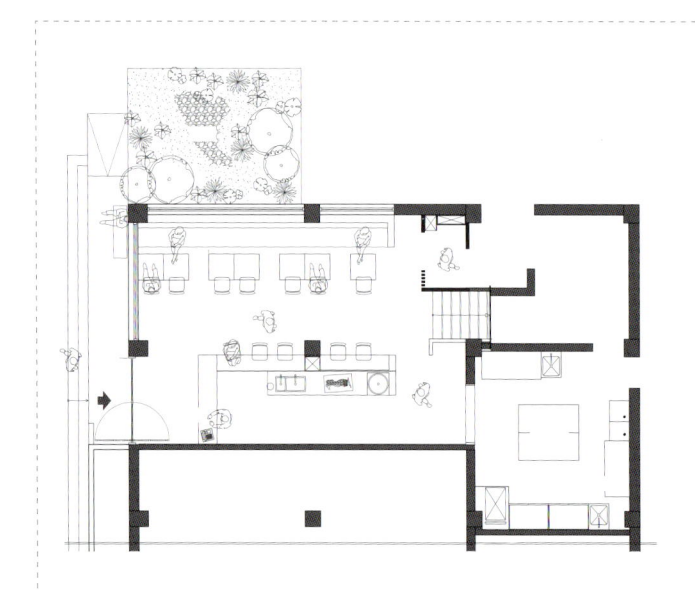

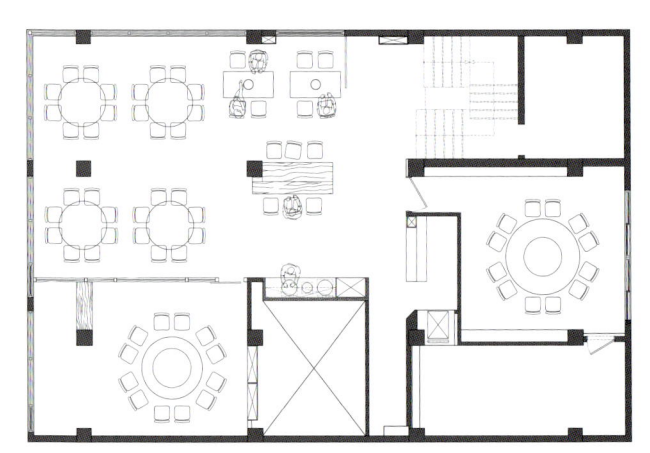

餐厅面积 ↗ 70 m²

主要材料 ↗ 松木、橡木、方砖、文化石、淋雨板、黑铁

181

Chapter 4

人气网红店的持久卖点——
地标文化特色与建筑空间的融合

三个人气设计方法

社交媒体的名气有可能会毁掉一个品牌。一家因为社交媒体 Instagram（或者抖音海外版 TikTok 和其他任何平台）走红的优秀餐厅，可以充分发挥社交媒体的传播潜力形成口碑，并给予自己员工信心。一家品质欠缺的咖啡馆，如果一心只想打造成"网红餐饮店"，等它网红势头一过就会立刻销声匿迹。消费者的好奇心一过，产品或者服务本身的问题就会因为社交媒体的潜在传播力量立刻被放大。但在传统消费模式下，这些问题往往会留给经营者们足够的时间去解决。

还是想借助社交媒体的力量走红？没问题，这里有一些方法：

文化相关性的设计特点不会错。意思是指，这些设计特点必须向某些人群传达一定的意义。人类是文化的产物，设计必须把这一点考虑在内，才能做到深层次地打动人心。

宏大性——宏大性能催生赞赏。超出我们自身的设计创意，可以震慑我们的感官，让我们重新去思考自身与设计创意之间的关系。但请注意：宏大并不意味着繁杂。一个空荡、只有一张小木桌在中间点缀的白色房间，会引发我们感叹它的宏大：比如房间面积与桌子尺寸的鲜明对比。有多少人会为山上的一块岩石拍照？又有多少人去拍那座山的照片？

最后，不要被社交媒体的热度而裹挟，要坚持设计的初衷是忠于餐厅本身。如果你的餐厅存在着损害环境的可能性，就不要把餐厅塑造出对环境友好的形象；如果你只是个当地的酿酒商，就不要假装自己是个大公司；如果是个大公司，就不要假装自己是个街边小店。

一家人气网红店的成功设计应该是和文化相关的、具有宏大性的，最重要的是真实可信的。

文/The Lab Saigon［越南］

The Lab Saigon 创意机构团队

墨西哥菜

甜蜜而浪漫的诗意餐厅
TE EXTRAÑO, EXTRAÑO

品牌设计 ↗ BIENAL
建筑 & 室内设计 ↗ FMT Studio
摄影 ↗ BIENAL

TE EXTRAÑO, EXTRAÑO 位于墨西哥梅里达市内的文化艺术中心 Lagalá 的首层。Lagalá 又称"白色城市"（White City），是墨西哥最受欢迎的旅游景点之一，旨在促进梅里达多元文化的对话。

顾客留言

Cindy Lu：
我们想吃一顿丰盛多样的早餐来开始这个周日，而这里是最佳的选择。我们点了"不要想念我"的早餐套餐，强烈推荐这个。多种混合的口味正是我们梦寐以求的。我们还点了冰咖啡，简直绝配。他们家的巧克力豆曲奇饼干更是锦上添花。我们会再次光顾的！

Roger Mendez Castillo：
超棒的服务，美味的食物，精益求精的设计。添加当季水果的蜂蜜味格兰尼它冰糕不可不尝，他们家美味咖啡也必须试一下，最后以 Chilaquiles[1] 或 Motuleños[2] 煎蛋结束这顿早餐！

[1] Chilaquiles，中文可译为汁拉贵司，墨西哥传统早餐，不同地区有细微不同，通常由玉米饼、鸡蛋、豆子和果酱搭配而成。
[2] Motuleños，墨西哥传统早餐，起源于尤卡坦州，由炸玉米粉圆饼包两个煎蛋，加上西红柿、火腿、豌豆等组成。

Facebook：facebook.com/teextranoextrano
地址：Calle 56 #426 x 47 Centro 97000 Mérida, Yucatán, Mexico

作为 Lagalá 官方指定的餐厅，TE EXTRAÑO, EXTRAÑO 由两位本土年轻厨师 Joaquín Cardoso 和 Sofía Cortina 携手创立，Joaquín Cardoso 擅长用国际技法烹饪墨西哥美食，Sofía Cortina 则摒弃人工糖精，倾向以富有甜味的天然食材制作墨西哥糕点。两人都专注以本地新鲜的时令食材和墨西哥传统的调料，探索墨西哥料理的烹饪方式和食材原料。餐厅名"TE EXTRAÑO, EXTRAÑO"是墨西哥官方语言的西班牙语，意为"我想念你，陌生人"，悦耳的发音和开放性的含义为这家受诗歌启发的餐厅定下甜蜜、浪漫的基调。

BIENAL 设计谈

BIENAL 艺术设计工作室于 2006 年在墨西哥梅里达创立，从设计概念、平面设计到视听语言、广告营销，为墨西哥国内外的客户提供全方位的品牌服务。

营造
诗意的复古餐厅

　　TE EXTRAÑO, EXTRAÑO 餐厅具有浓厚的诗意性，从其餐厅名就可见一斑。餐厅名中同一个单词重复的发音容易让人产生联想：我与你是陌生人又是朋友。这个名字的灵感源自艺术可以不断玩味的特性，具有丰富而令人意外的含义，可以有多种解读方式，让人联想到对一切事物保持开放的心态。

　　这源于餐厅两位创始人的核心理念——必不可少的和整体性，创新与经典，以不拘小节的开放性烹饪方式重新诠释传统的墨西哥美食。他们希望客人在这里享用不一样的墨西哥美食时，会不禁想到生活常有的神秘和惊喜，并去享受那些不期而至的快乐。

　　我们的品牌设计尝试去捕捉餐厅这种诗意性与核心理念包含的开放性，并在视觉上为餐厅注入一种甜蜜而浪漫的怀旧复古感。由此，我们联想到餐厅所在城市肥沃土地互补的颜色、香甜的水果，以及让人心情喜悦的黎明光线，以此作为品牌设计的灵感，试着赋予餐厅一种可触摸的当地质感和可视化的情感氛围。

　　我们不仅在色彩上采取色彩并置的方法，其视觉效果可以愉悦客人的心情，而且为了让品牌设计与餐厅名"TE EXTRAÑO, EXTRAÑO"建立一种视觉联系，我们在视觉识别系统中融入了

品牌主色调

R 0 G 0 B 0	R 220 G 189 B 174
C 0 M 0 Y 0 K 100	C 13 M 26 Y 28 K 0
PANTONE BLACK C	PANTONE 1611 C

R 219 G 211 B 197	R 148 G 86 B 38
C 14 M 13 Y 21 K 0	C 31 M 67 Y 97 K 23
PANTONE 7527 C	PANTONE 7516 C

R 230 G 231 B 232	R 94 G 117 B 125
C 0 M 0 Y 0 K 10	C 67 M 45 Y 43 K 11
PANTONE COOL GRAY 1 U	PANTONE 5473 U

烫金	R 229 G 216 B 207	R 28 G 49 B 49
PANTONE 10133 C	C 9 M 13 Y 15 K 0	C 82 M 60 Y 63 K 61
	PANTONE 7604 C	PANTONE 5463 C

186

餐盘上印有短诗，复古的字体来自一台老旧打字机

手绘的线条元素，创造出两个上下放置且重叠的人像轮廓作为餐厅的Logo。这种手绘的人像轮廓还进一步延伸到菜单、员工制服、帆布包、咖啡杯、杯垫等媒介。

视觉识别系统另一个重要元素是一台老旧打字机的复古字体，这些字体应用在餐厅名、菜单、名片中。值得一提的是，我们特意摘抄知名诗人以甜蜜却略带反讽的关怀心情写下的短诗，这些诗歌同样采用打字机的复古字体，并印在餐盘上充当便条。此外，我们也在餐厅宣传册印上金黄色的斑点，这些斑点与手绘的人像轮廓线条、复古的短诗文字放在一块，看上去像是画家用多种笔触画出来一样，凸显出餐厅的核心理念：必不可少的和整体性，创新与经典。

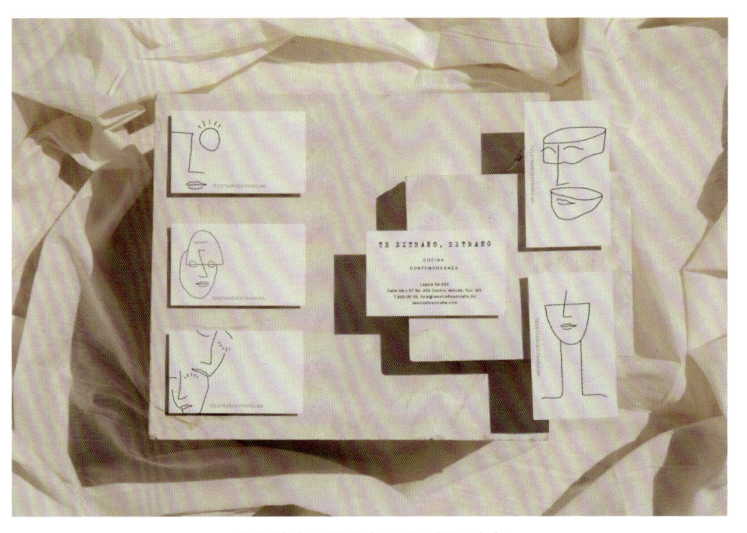

手绘的人像轮廓应用在品牌设计中

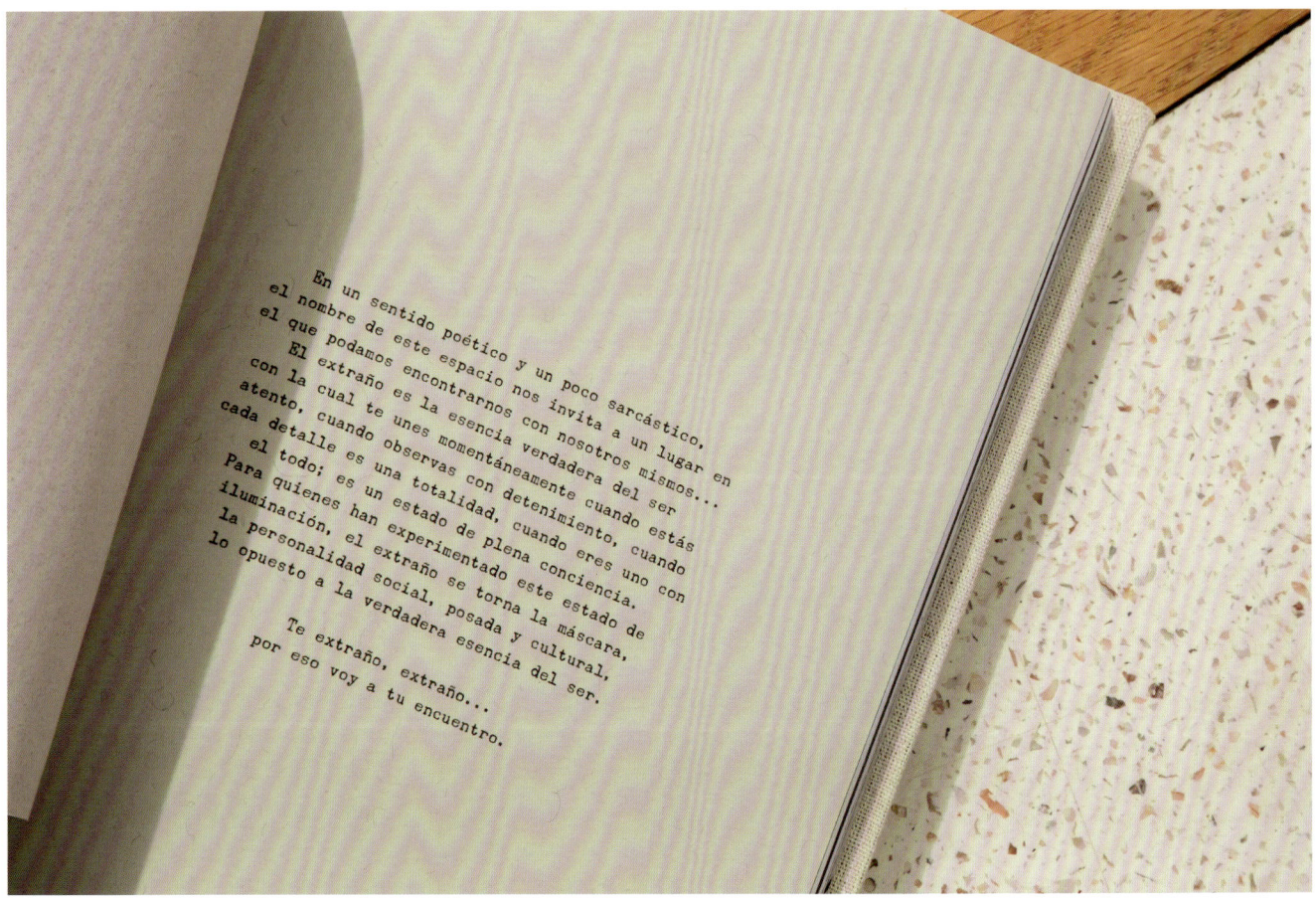

Contigo siempre lo que con nadie nunca.

T.E.E

En un sentido poético y un poco sarcástico,
el nombre de este espacio nos invita a un lugar en
el que podamos encontrarnos con nosotros mismos...
El extraño es la esencia verdadera del ser
con la cual te unes momentáneamente cuando estás
atento, cuando observas con detenimiento, cuando
cada detalle es una totalidad, cuando eres uno con
el todo; es un estado de plena conciencia.
Para quienes han experimentado este estado de
iluminación, el extraño se torna la máscara,
la personalidad social, posada y cultural,
lo opuesto a la verdadera esencia del ser.

Te extraño, extraño...
por eso voy a tu encuentro.

TE EXTRAÑO, EXTRAÑO 空间设计的灵感，同样源自诗歌和人与人之间的关怀。空间工作室 FMT Studio 试图通过空间设计捕捉一种源于自然光和灵魂的平静，让餐厅成为关于人文关怀、自然光线和精神宁静的空间。客人在温柔与不拘一格的浪漫氛围中沉浸在一种时光永恒感中。为了达到这种效果，FMT Studio 经过精心的挑选，把温柔且极度浪漫的色彩搭配融入空间。此外，他们也使几何装饰图形和迷人的自然光线成为空间设计的一部分元素。

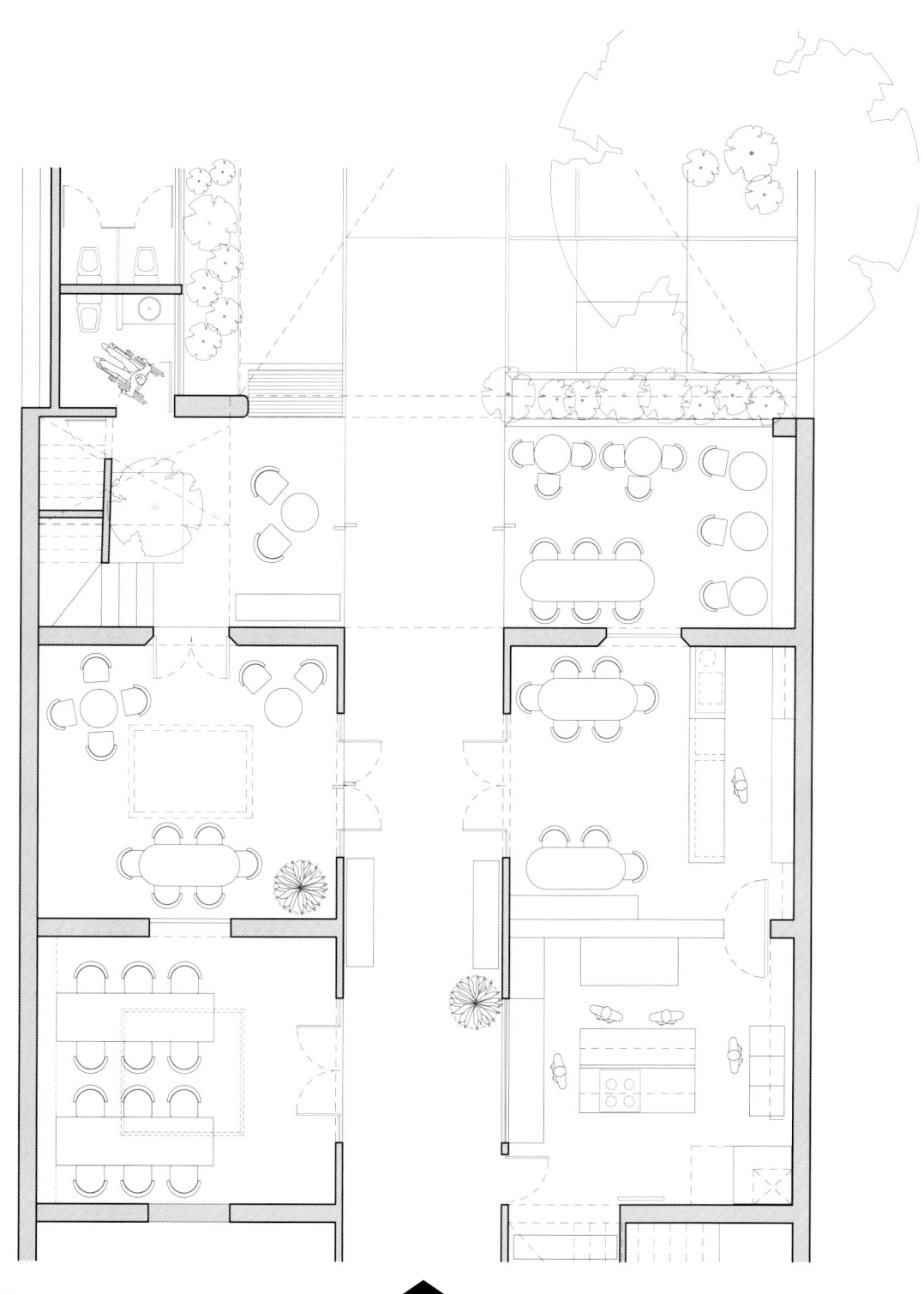

餐厅面积↗ 70 m²

主要材料↗ 石材、黏土、水泥、钢材

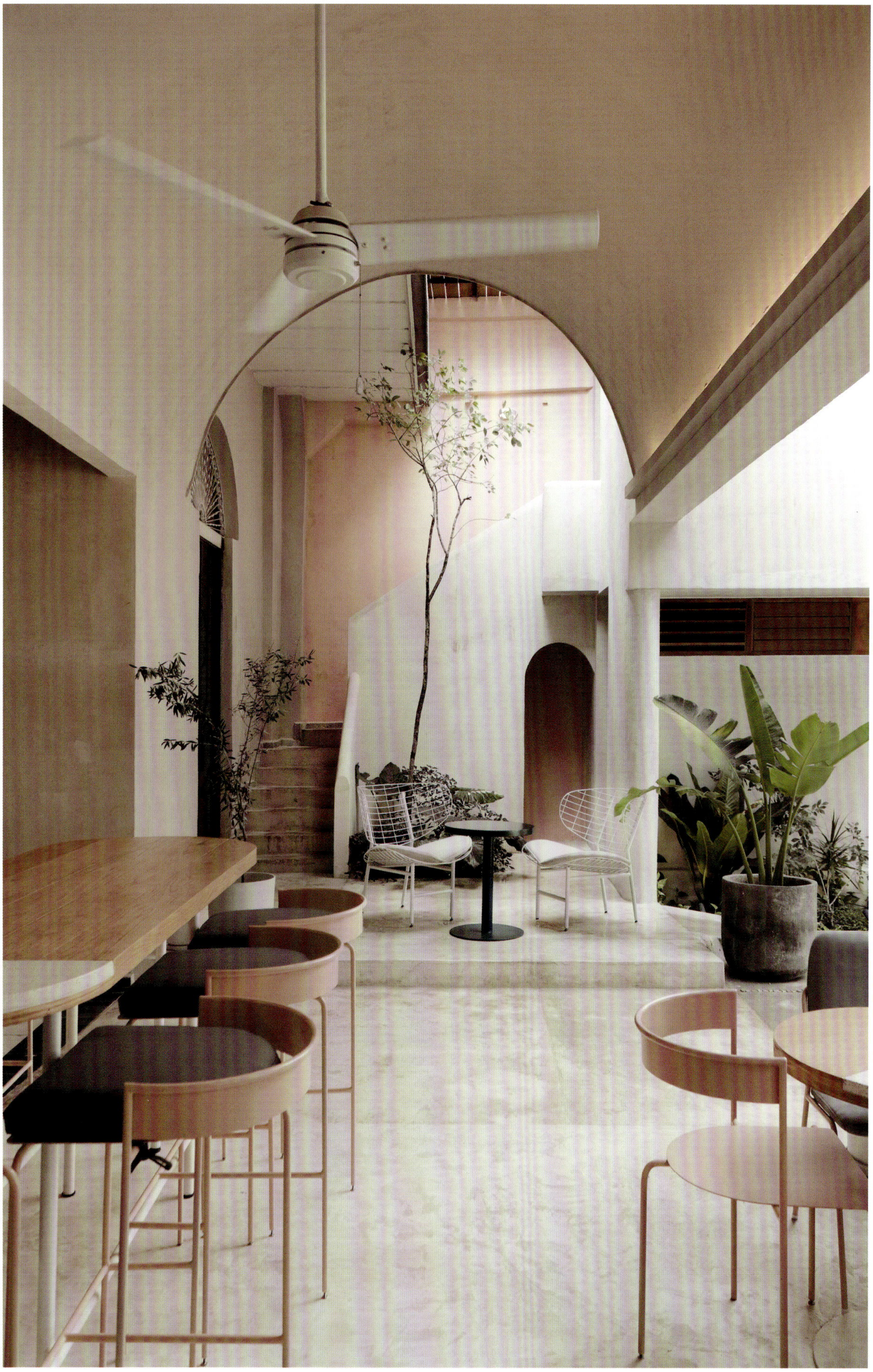

191

● 越南菜

Facebook 18044 位粉丝

奢华与质朴
在越南西贡的云端相遇
Blank Lounge

官网：blank-lounge.com
Facebook：facebook.com/blankloungelandmark
地址：75F & 76F, Landmark 81, Ward 22, District Binh Thanh, Ho Chi Minh City, Vietnam 70000

品牌设计↗ The Lab Saigon（Ngoc Vo、Clove Tran）
空间设计↗ The Lab Saigon（Chloe Dinh、Thu Le、Hoang Nguyen）
创意总监↗ Tuan Le　摄影↗ Do Sy

Blank Lounge 是一家在越南朴实传统文化与强烈地标性奢华感的碰撞下诞生的咖啡馆，其 Facebook 拥有 18044 位粉丝。它位于胡志明市（旧称西贡）中心"地标塔 81"的 75 楼和 76 楼，占地面积达 500 m²。"地标塔 81"是越南最高的摩天大楼，也是前东南亚第一高楼，其由多座修长柱体组成，形如竹捆，象征越南源远流长的农耕历史。而在地标建筑上诞生的 Blank Lounge 拥有独一无二的优势——能将胡志明市全景尽收眼底。建筑北面是胡志明市的历史中心，南面是西贡桥，与 Vinhomes 中央公园相连，不少网友将其誉为生平见过的最美咖啡馆。

Blank Lounge 平日提供传统咖啡、特色鸡尾酒、精酿啤酒以及当地小吃，其美味特色的口感赢得了众多好评。凭借低调奢华的设计以及独一无二地标性景致，Blank Lounge 获得了由 *DEP MAGAZINE* 杂志评出的"胡志明市最美咖啡馆之一"的殊荣。

地标塔 81，图片来自维基百科

顾客留言

Khả Tú：
我见过最美的地方之一。强烈推荐给所有人。

Peter Nguyễn：
如果我早点知道这家餐厅就好了，非常棒的城市景观，还有非常美味的食物和饮品，以及服务周到的服务员！

The Lab Saigon 设计谈

The Lab Saigon 创意机构位于胡志明市，精于品牌咨询、品牌设计、空间设计、广告营销、摄影、电影剧本等创作领域，客户包括世界卫生组织、Facebook、世界自然基金会、南宫梦等国际企业。

→

改变固有的奢华感，
带来朴实传统文化的力量

为了让人们撇开地标性建筑带来的奢华感，我们决心让咖啡馆的设计呈现一定反差感，希望为初次光顾的客人传达一种刚劲且朴实的传统文化力量。最终我们选择了越南水稻——越南农业文化中最质朴的象征，作为品牌设计和空间设计的切入点，也希望由此唤醒人们对于越南昔日时光的记忆。

在品牌设计上我们花费了颇多的心思。就视觉和色彩而言，我们从越南一年四季的变化以及日出、日落的氛围中汲取灵感，选取了青色系和黄色系，通过其色彩的渐变体现农耕植物在四季昼夜中不断更迭的景象。

品牌主色调

R 132 G 150 B 96
C 56 M 71 Y 27 K 0

R 196 G 150 B 83
C 30 M 46 Y 73 K 0

195

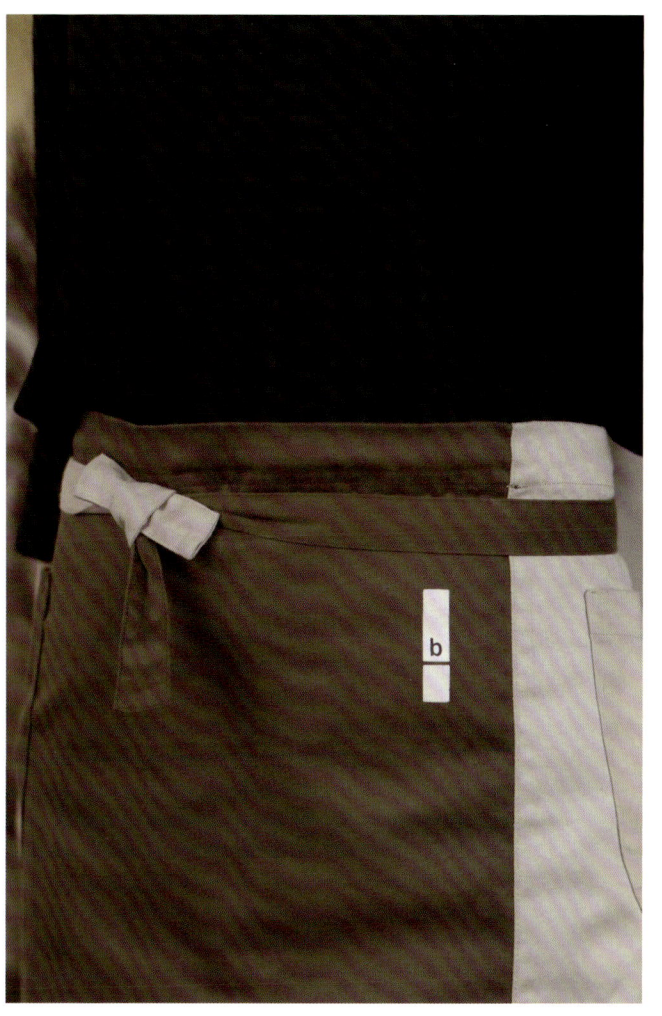

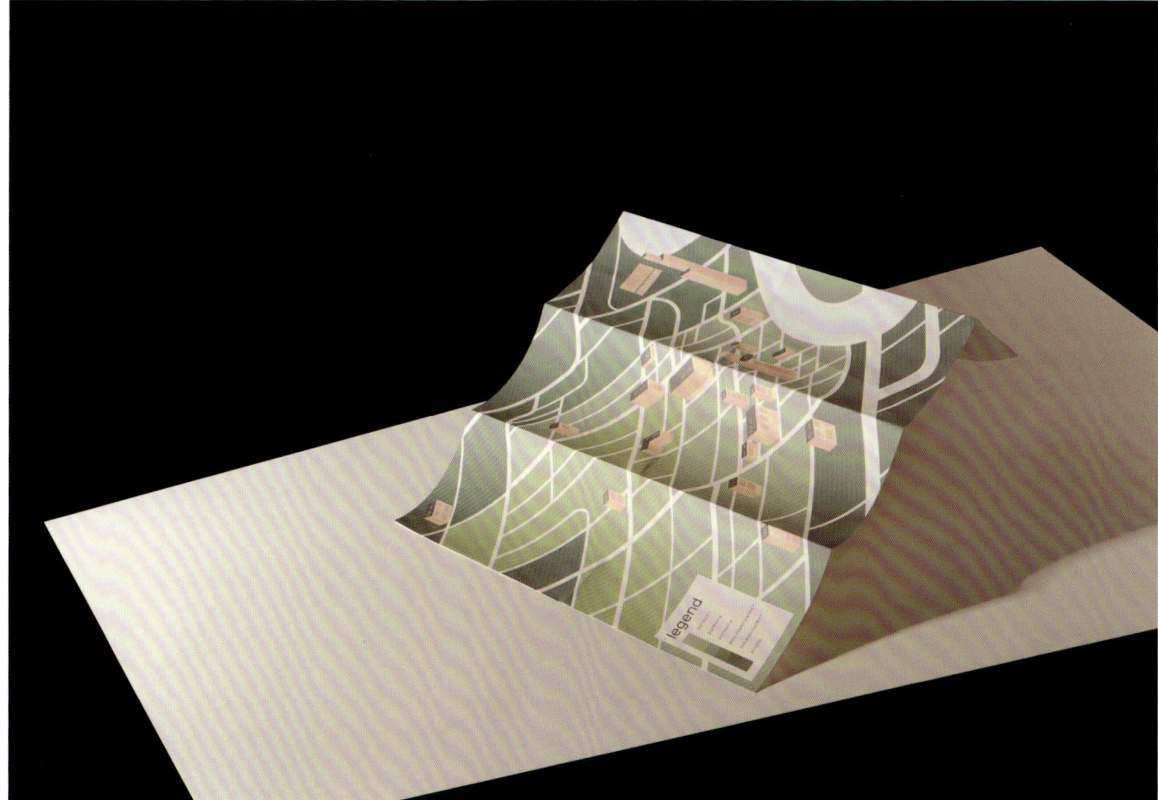

在空间设计上，我们选择了粗犷质地的建筑材料，比如墙壁是由水泥构成，地板则主要由水磨石和陶瓷砖构成，以此建立富有越南乡村氛围的设计语言。在这种氛围中，我们还摆放了手工制作的家具桌椅，从而营造奢华与质朴的对比感。

秉承着"低调的愉悦，周到的设计，西贡的骄傲"的品牌理念，在细节方面，我们力图做到极致。为了品牌设计更好地融入餐厅的空间设计里，我们特地在咖啡馆的正门放置了一盏6米高的水稻状灯。这盏灯是精心设计和制作的，它能够更加直观而震撼地表达越南的水稻形象和农业文化。另外，这一设计独特的主题还融入体现在室内装饰、菜单、员工制服甚至是菜肴和饮品上等各种细节，始终贯穿于整个咖啡馆。

水磨石和陶瓷砖组成的粗犷设计语言

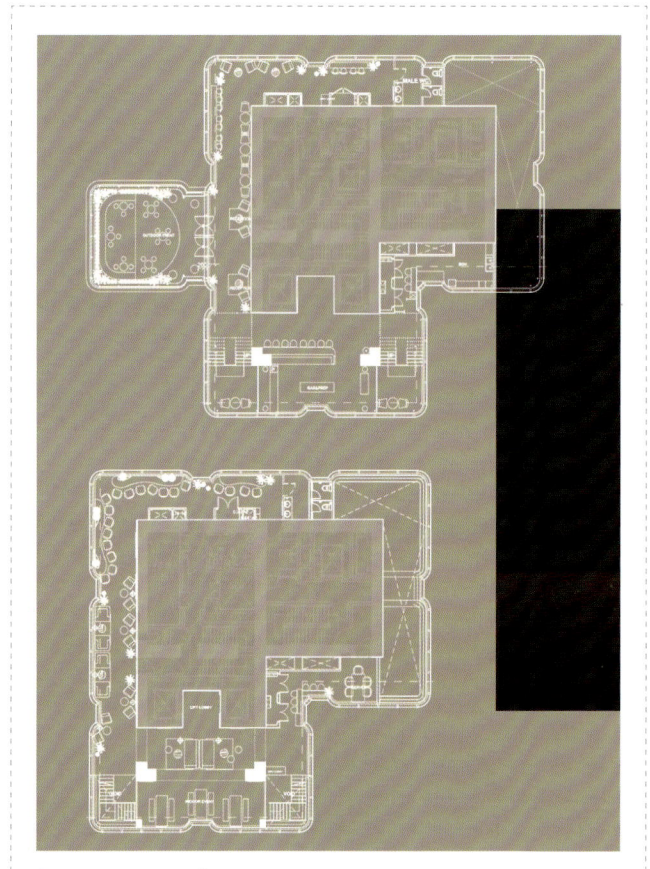

餐厅面积 ↗ 500 m²

主要材料 ↗ 木材、水泥、不锈钢、水磨石、陶瓷砖、玻璃、黄铜

咖啡馆门口的 6 米高的水稻状灯

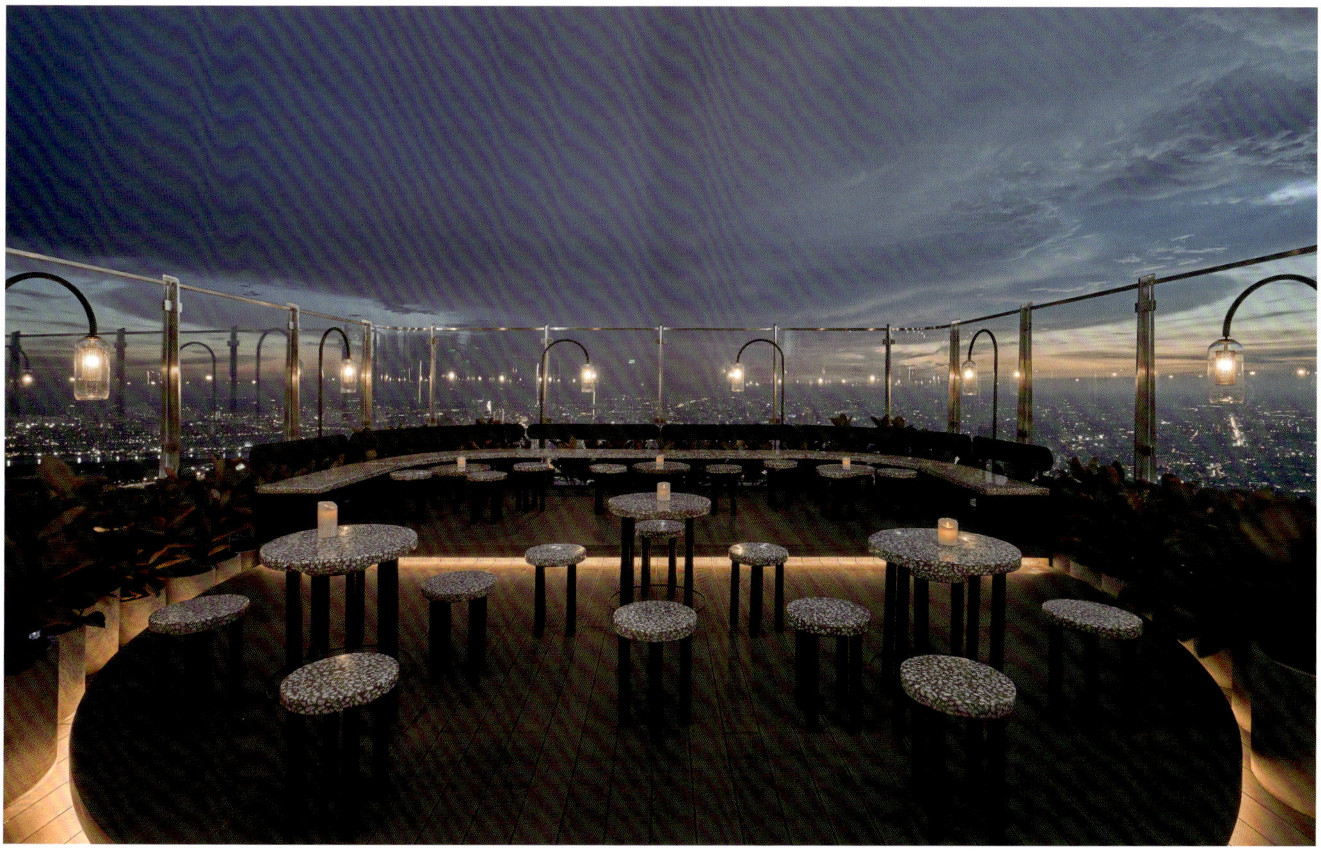

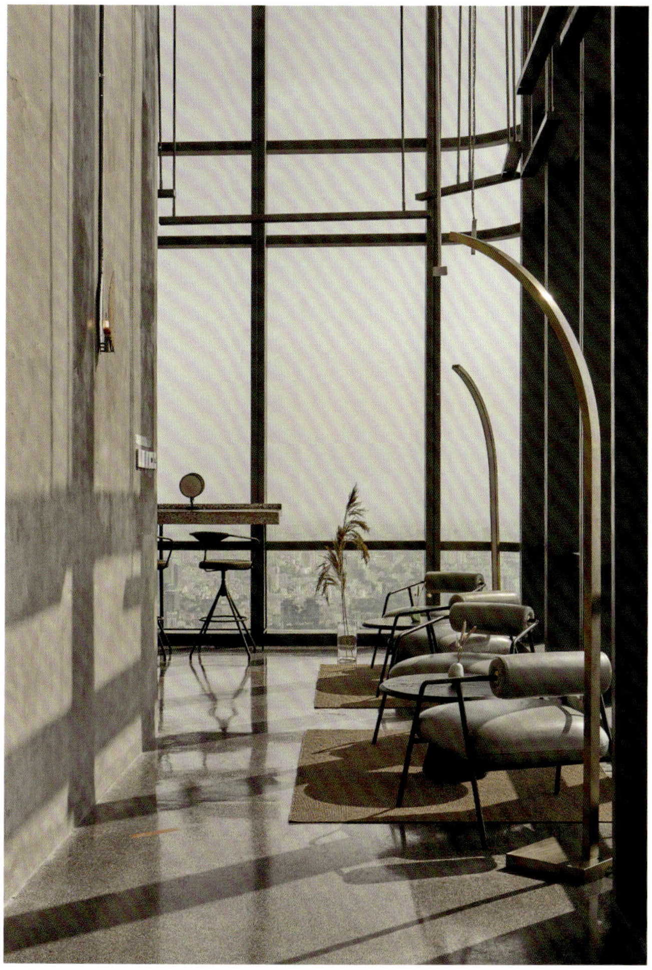

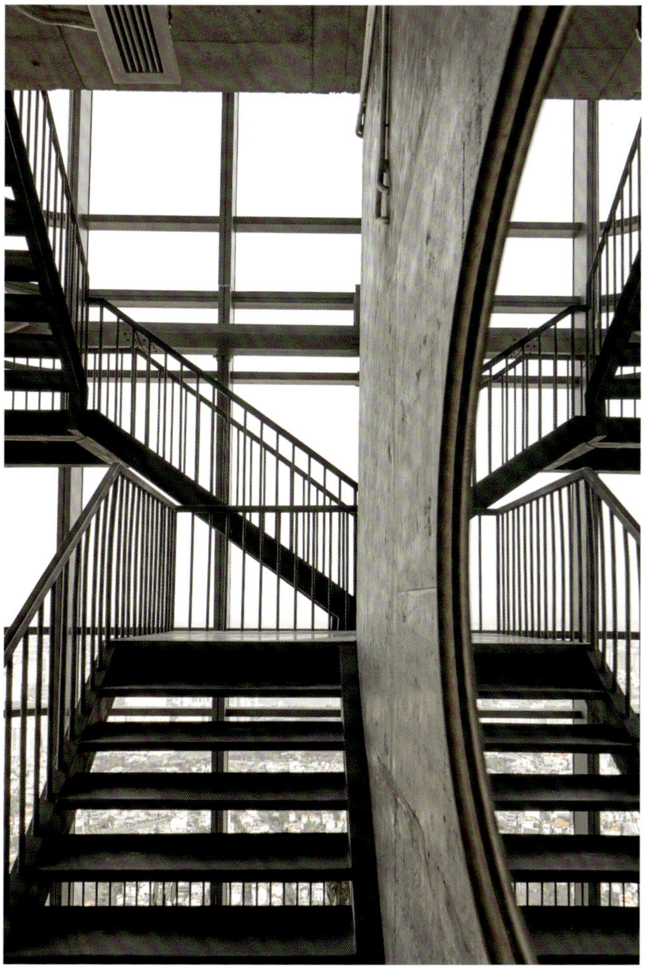

● 匈牙利糕点

走进考波什堡的艺术花园糕饼店
Gard'Ann Cukrászda

品牌设计、空间设计 ↗ kissmiklos
摄影 ↗ Bálint Jaksa、Eszter Cseh

Facebook：facebook.com/gardannkaposvar
地址： Fő utca 4. Kaposvár, Hungary 7400

顾客留言

Jean Christophe：
终于吃到全匈牙利最好的蛋糕了。美味！为了吃它们，我会再来考波什堡的。也非常有幸看到 Stühmer 咖啡馆的家具。对我来说，这种装饰艺术风格简直完美。
太棒了……你们可能很快又会看到我……

Dave Pearson：
颜值高的店，整洁、干净、超复古、超热情的服务，苹果馅饼可口！

Gard'Ann Cukrászda 糕饼店坐落在匈牙利乡村城市考波什堡的中心，面积约 70m²，以法国糕点马卡龙为招牌。糕饼店所在的建筑在考波什堡也是闻名遐迩的。1928 年著名的巧克力商店 Stühmer Chocolate Factory 就是在这里开了其在考波什堡第一家分店。Stühmer Chocolate Factory 是匈牙利 19 世纪末最大的巧克力品牌，在当时的匈牙利拥有多达 60 家巧克力店。当时考波什堡这家分店的室内设计包括家具等细节，都是由匈牙利艺术家 Ferenc Kende 负责完成的。

如今前来 Gard'Ann Cukrászda 打卡的游客中，不乏有许多是为观赏其复古的装饰艺术风格而驻足的。匈牙利建筑设计杂志 *OCTOGON* 曾给出过这样的高度评价："Gard'Ann Cukrászda 创新的设计带领人们重新审视考波什堡的新艺术风格，它的变化也是这座城市发生产业更新的迹象之一。"

199

kissmiklos 设计谈

作为设计师和视觉艺术家，kissmiklos 生活和工作在布达佩斯，他的创作横跨建筑设计、平面设计和视觉艺术等领域，客户包括布达佩斯特·李斯特·费伦茨国际机场、林肯艺术中心、古根汉姆博物馆等国际机构，作品被布达佩斯工艺美术博物馆收藏。

→

在典雅的空间里突出糕饼店的美食特质

为了保护当地的文化遗产，我首先保留了原先 Stühmer Chocolate Factory 分店的空间设计和家具基调。在此基础上，利用色彩等视觉元素重新诠释了 19 世纪末新艺术的华丽风格。

店名是整个设计概念的基础及灵魂。"Gard'Ann"源自英文的"花园"（Garden）一词和创始人 Anne Marie 的名字，这个名字中的"花园"正好呼应了原先 Stühmer Chocolate Factory 分店的淡绿色基调。

Gard'Ann Cukrászda 是一家以高端法式糕点为主的糕饼店，为了增强其店铺的美味食物的印象，我做出了一些改变，尝试给这个空间创造出更加丰富的色彩层次，介于深绿色、金黄色和淡色调之间。虽然店内的空间已经是淡绿色的了，但我想让绿色变得更加浓郁，于是在店内的主墙壁上拼贴了一幅巨大的图案画，把很多绘有植物和鸟类的老插画拼在一起，大大增强了视觉效果，提高了色彩的明艳度。

糕点店内墙上画有植物和鸟类的拼贴插画

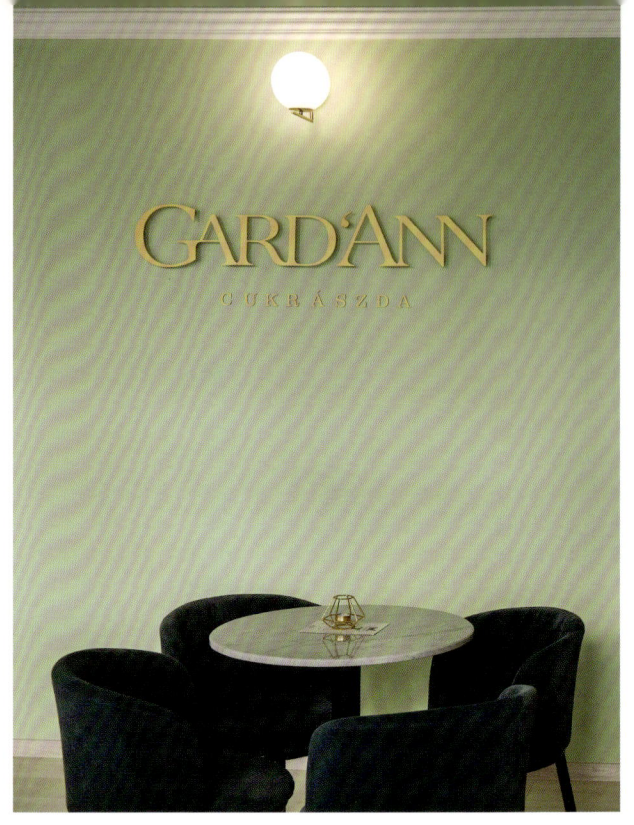

200

201

窗边布置了棕榈树叶以呼应整体色调

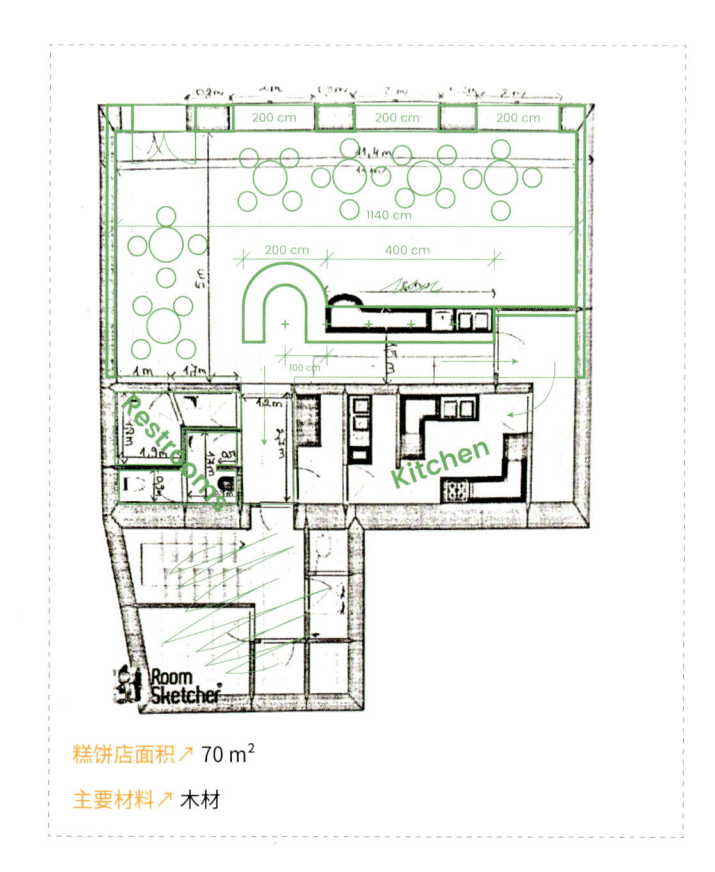

更新过的室内点缀了棕榈树叶，并布满绿色的色调，这个淡雅的"花园世界"也带有一点法式波希米亚风格，让人一眼就联想到马卡龙和其他法式糕点，从而让光顾的客人们在还未品尝到舌尖的浪漫时，心情就开始愉悦。

这些独特的插画也成为一个特色主题元素，沿用到整个视觉识别系统：餐盒、名片、纸袋等，从而加强了品牌与"花园"一词的联系。

糕饼店面积 ↗ 70 m²
主要材料 ↗ 木材

拍摄宣传照的模特的装束也十分符合调性

品牌主色调

R 55 G 73 B 73
C 78 M 55 Y 58 K 42

R 209 G 226 B 168
C 24 M 0 Y 44 K 0

R 0 G 0 B 0
C 50 M 50 Y 60 K 100

● 墨西哥海鲜菜

奔赴自由的
墨西哥温情庇护所
Micaela Mar y Leña

官网：www.restaurantemicaela.com
Facebook：facebook.com/Micaelamarylena
地址：Calle 47 No.458 97000 Mérida, Yucatán, Mexico

顾客留言

Paisley Keys：
超棒的海鲜，我们点了一整盘烤鱼，真是超赞。值得把照片放到 Instagram 上晒。气氛很好，服务员热情。有一家美丽的梅里达餐厅。

Robert C Guy：
这是我在梅里达吃过最好的一餐之一。可惜我忘了把吃剩的打包回去。我会再来的，尝试菜单上其他的美食。

品牌设计 ↗ BIENAL
空间设计 ↗ M2 Taller Interiorismo、Xavier Salas Arquitectos
建筑设计 ↗ Xavier Salas Arquitectos　　**摄影** ↗ BIENAL

Micaela Mar y Leña 位于墨西哥梅里达小镇的美食街里，占地面积约 575 m²，其 Facebook 拥有 27729 位粉丝。它是一间采用柴火烹饪的餐厅，以梅斯蒂索人[1]、克里奥尔人[2] 和墨西哥人传统的海鲜菜为特色。

[1] 梅斯蒂索人是早期欧洲殖民者与美洲原住民混血而成的拉丁民族。
[2] 克里奥尔人一般指法国和西班牙殖民者在美国路易斯安那州的后代，也指非洲人在路易斯安那州的后代。

墨西哥海鲜菜　　柴火炉

餐厅的美食秘诀及灵感源自餐厅创始人之一 Vidal Elias Murillo 在墨西哥城跳蚤市场发现的一本古老菜谱书，它是墨西哥保姆兼厨师 Micaela 于 1897 年写的日记式家庭菜谱，从此造就了餐厅温馨、热情、轻松的美食风格。Micaela Mar y Leña 的美食调性和品牌文化内涵都如此地贴近墨西哥传统文化，难怪墨西哥杂志 *MID City Beat* 曾经给过一个这样的评价："Micaela Mar y Leña 正在成为当地最新的烹饪热点，受到人们的追捧。"

墨西哥保姆兼厨师 Micaela 的肖像照片

BIENAL 设计谈

BIENAL 艺术设计工作室于 2006 年在墨西哥梅里达创立，从设计概念、平面设计到视听语言、广告营销，为墨西哥国内外的客户提供全方位的品牌服务。

将品牌设计最大匹配到
餐厅根植的诞生渊源

Micaela Mar y Leña 餐厅的诞生，源于餐厅创始人在跳蚤市场发现的保姆兼厨师 Micaela 手写的家庭菜谱书。这本菜谱不仅记录了 Micaela 年老的生活，也写满了她对墨西哥传统烹饪的热爱和所知的各种烹饪方法。后来，餐厅创始人经过长达两年的调查研究，发现 Micaela 是梅斯蒂索人和克里奥尔人混血儿，她父亲的经历更是象征着一段美洲奴隶逃离美国南方后，沿着地下铁路穿过美国墨西哥边境寻找自由的历史。

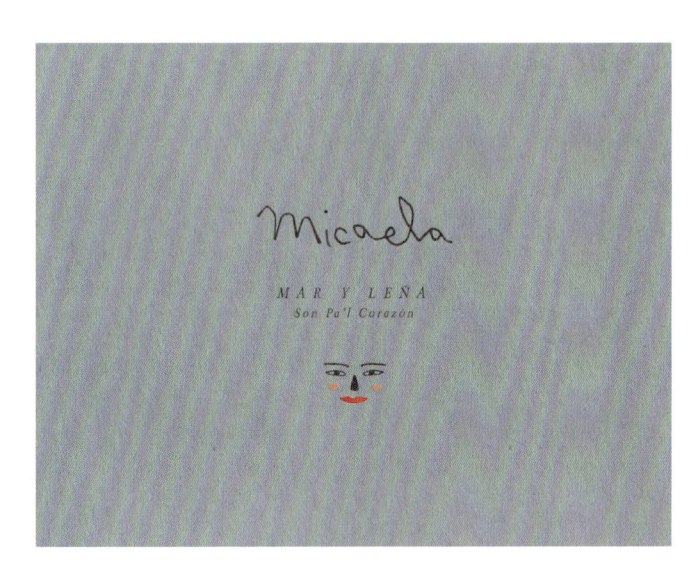

Micaela Mar y Leña 餐厅不仅名称源自 Micaela 的名字及其海鲜烹饪所依赖的大海和柴火"Mar y Leña"意为大海与柴火，而且也被赋予了"可以身处其中享受美食的'庇护所'"的特殊意义。

因此，整个品牌设计就是去传达这家被定位为"庇护所"的餐厅。如何把烹饪的美食当作一段人生的故事和生活的体验，最终，我们构思并提炼出反映其核心价值观的几个设计重点：温馨、勇敢、智慧和爱，换句话说就是家庭观。整个品牌识别系统紧跟这个概念：所有平面设计元素都在细节上体现它，比如 Logo 餐厅名中的"Micaela"是手写字体的，Logo 的图标则是微笑的女人脸孔插画，主色调用了大海的蓝色。甚至我们还制作了一个神似 Micaela 的女布偶吉祥物。

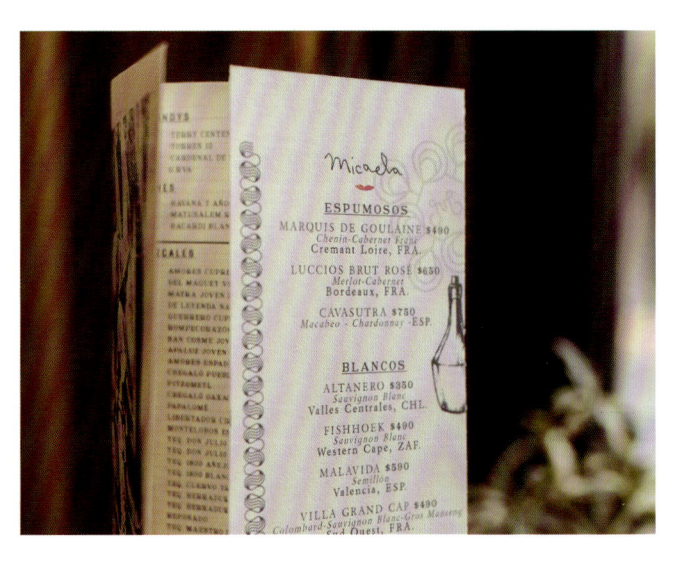

餐厅神似 Micaela 的女布偶吉祥物

品牌主色调

R 120 G 78 B 40	R 123 G 151 B 171
C 35 M 60 Y 83 K 43	C 55 M 30 Y 23 K 5
PANTONE 463 C	PANTONE 5425 C

R 239 G 143 B 121	R 36 G 54 B 69
C 2 M 54 Y 49 K 0	C 87 M 67 Y 47 K 50
PANTONE 486 C	PANTONE 7546 C

R 134 G 120 B 112	R 230 G 41 B 59
C 41 M 42 Y 44 K 26	C 0 M 93 Y 72 K 0
PANTONE WARM GRAY 9 C	PANTONE 1788 C

烫金

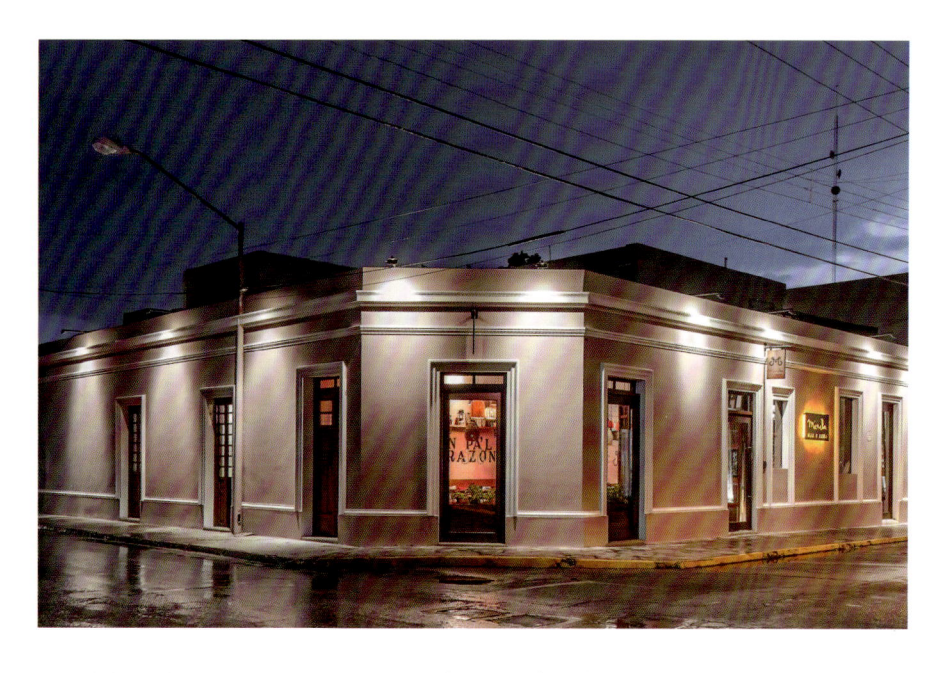

空间设计上，为了匹配餐厅体现的家庭观，我们专门定制了手工制作的黏土砖、放置很多绿色植物盆栽、以墨西哥特产尤卡坦剑麻制作的灯具以及墨西哥陶制餐盘等，让客人一踏进餐厅就能置身于一个理想、经典、真实、温馨的地方。

由 Xavier Salas Arquitectos 提供

餐厅面积 ↗ 575 m²
主要材料 ↗ 尤卡坦剑麻、黏土砖、木材、铁

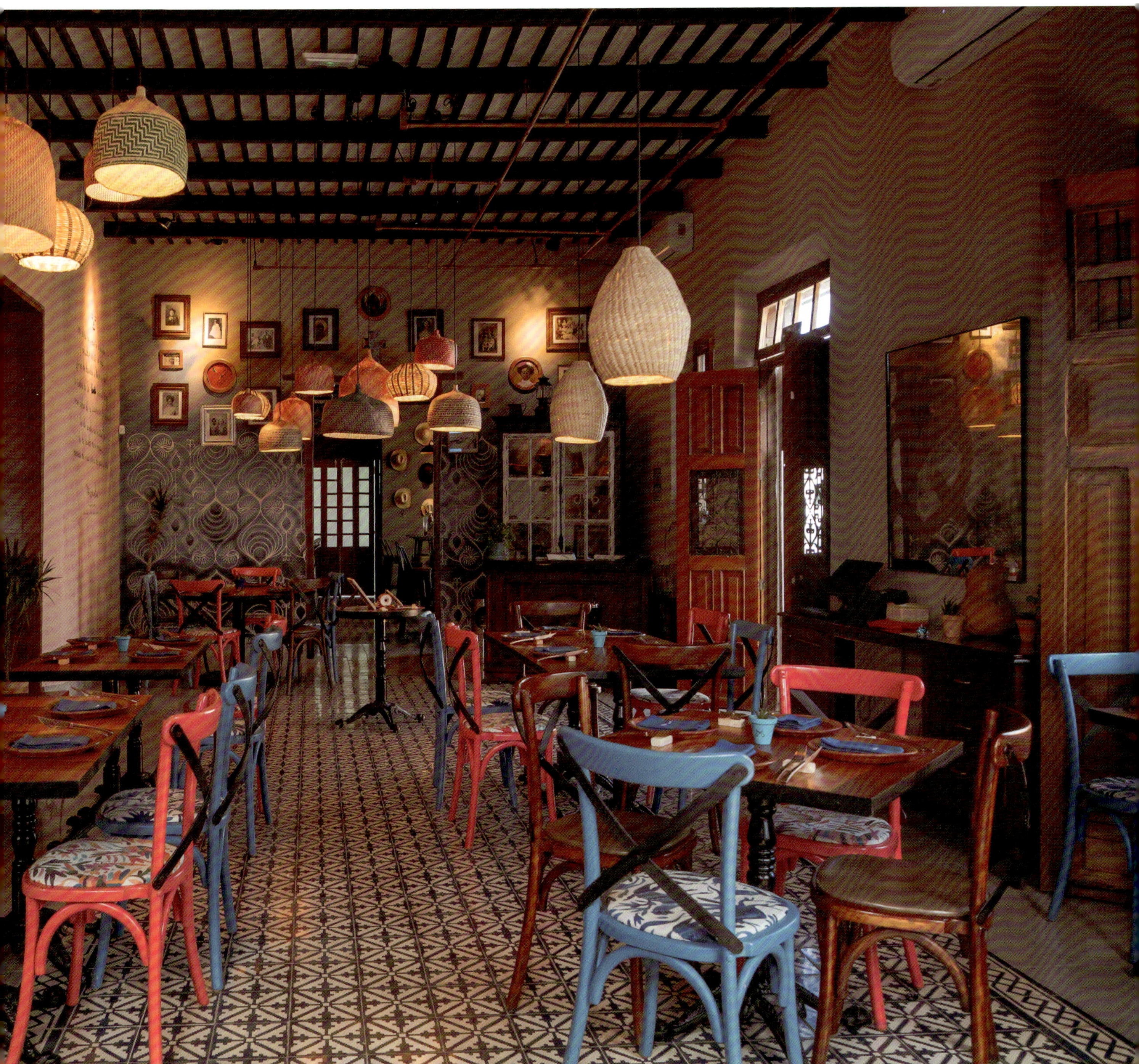

210

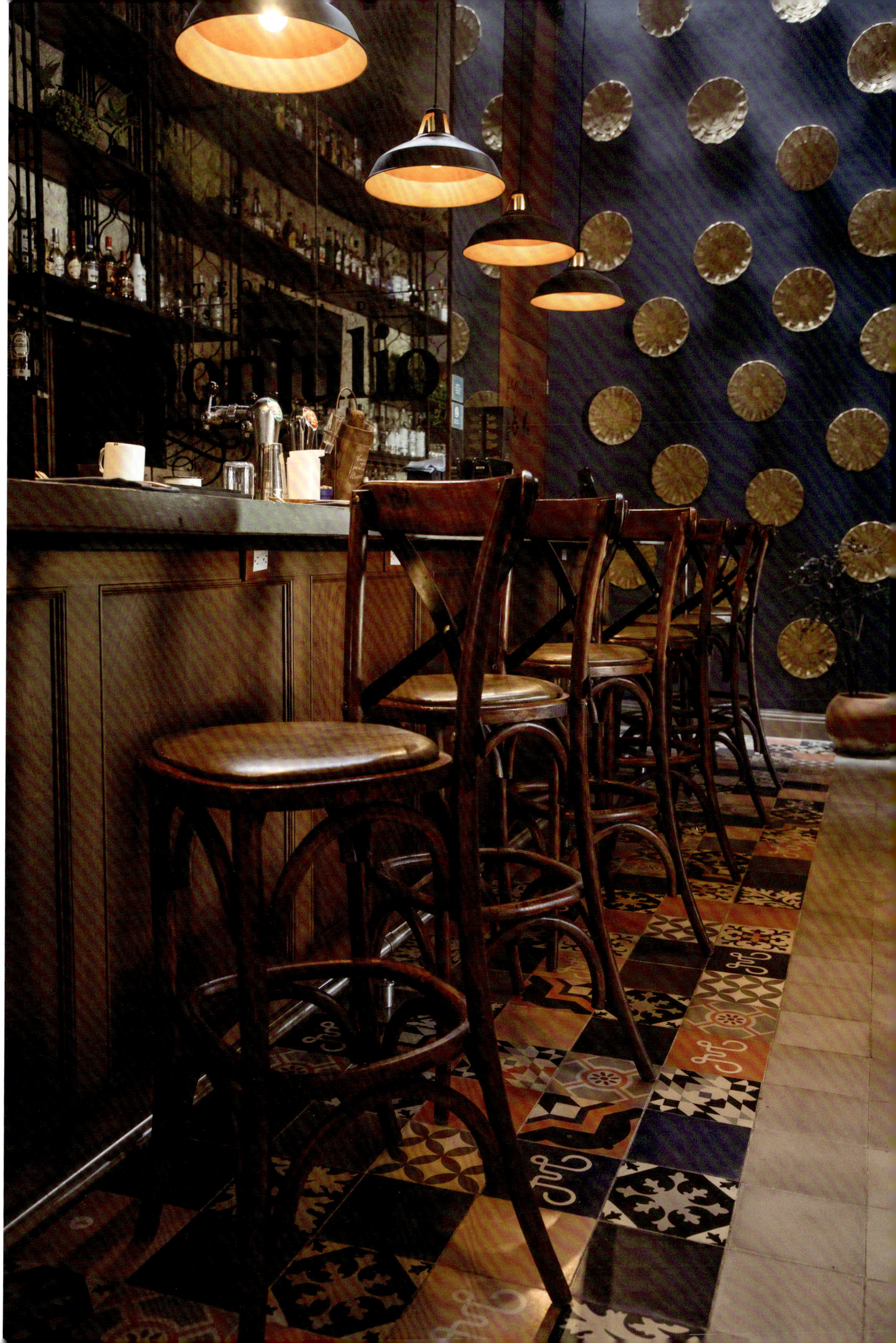

● 西班牙菜 & 国际菜式

艺术和烹饪理念一体的时尚餐厅
SOMOS

Facebook：facebook.com/SomosGarraBarcelo
地址：Plaza de España, 18, 28008 Madrid, Spain

品牌设计 ↗ Ele&Uve　**空间设计** ↗ Hayon Studio
摄影 ↗ Ana Martín、Raguel Balboa y Victoria Arroyo、Hayon Studio、Anne Roig、Vega Hernando、Alejandra Remón

SOMOS 是马德里第一家双重品牌调性的餐厅，体现了这座城市传统性与国际性的完美结合。Instagram 百万粉丝博主 Los Arys 充分感受了这样的 SOMOS 后，留下了如下这段文字："我们总说艺术和烹饪理念是一体的，SOMOS 完美体现了这一点。"

1957年落成并屹立至今的马德里塔，图片来自维基百科

SOMOS是西班牙著名五星级酒店——马德里巴塞罗托雷酒店的时尚餐厅，位于马德里市中心的标志性建筑"马德里塔"内，拥有100个餐位。马德里塔以曾是世界上最高混凝土建筑而出名，经常出现在20世纪60年代发行的西班牙电影中。SOMOS这家时尚餐厅能够将格兰大道和西班牙广场的日出日落尽收眼底，因此成为不少游客光临马德里的首选落脚地。

顾客留言

Maria Jose Bris Pertiñez：
地理位置优越，格兰大道和西班牙广场尽收眼底。环境惬意，女服务员的服务无可挑剔、热情和高效。点赞商务套餐，物超所值，绝对值得拥有。

YESICA PAOLA CORREA QUINTERO：
一个喝酒、晚餐或与朋友聚会的理想地方。氛围愉悦，服务优质，食物美味。5星推荐！这个地方装饰得很好，有餐厅和酒吧，是个吃完晚餐再喝上一杯的好去处。

213

Ele&Uve 设计谈

Ele&Uve 品牌工作室由情侣档设计师 Uve Sanchez 和 Elena Santos 在马德里创立，精于品牌、广告、网站、文案等创意领域，客户包括西班牙航空公司、猫牌生力啤酒、马德里巴塞罗托雷酒店等西班牙著名企业。

在鬼才设计师的作品上进行大胆创新

马德里巴塞罗托雷酒店通过一个共同联系人找到了我们，这个联系人是我们以前的客户。这家酒店当时正在寻找一个小型品牌工作室，他们要求品牌设计师需要有强大的想法，可以匹配西班牙鬼才设计师 Jaime Hayon 的空间设计。Jaime Hayon 以其闻名世界的涂鸦、插画、玩偶、家具设计和艺术重新设计了酒店的空间，包括酒店的新餐厅 SOMOS。于是，他们需要一个品牌工作室来创造一个不同寻常的品牌概念，并为他们的新餐厅做完整的品牌推广。

此外，我们还发现了一个问题：SOMOS 餐厅的位置在酒店的二楼，这是一个非常大的障碍，因为不住酒店的客人几乎不会去 SOMOS 用餐。因此，我们必须在某种程度上突出餐厅自身的优势，并为酒店的客人和马德里市民提供一个越界的概念，有助于解决这个问题。

餐厅装饰着西班牙鬼才设计师 Jaime Hayon 的艺术品和家具

215

餐厅餐位↗ 100位

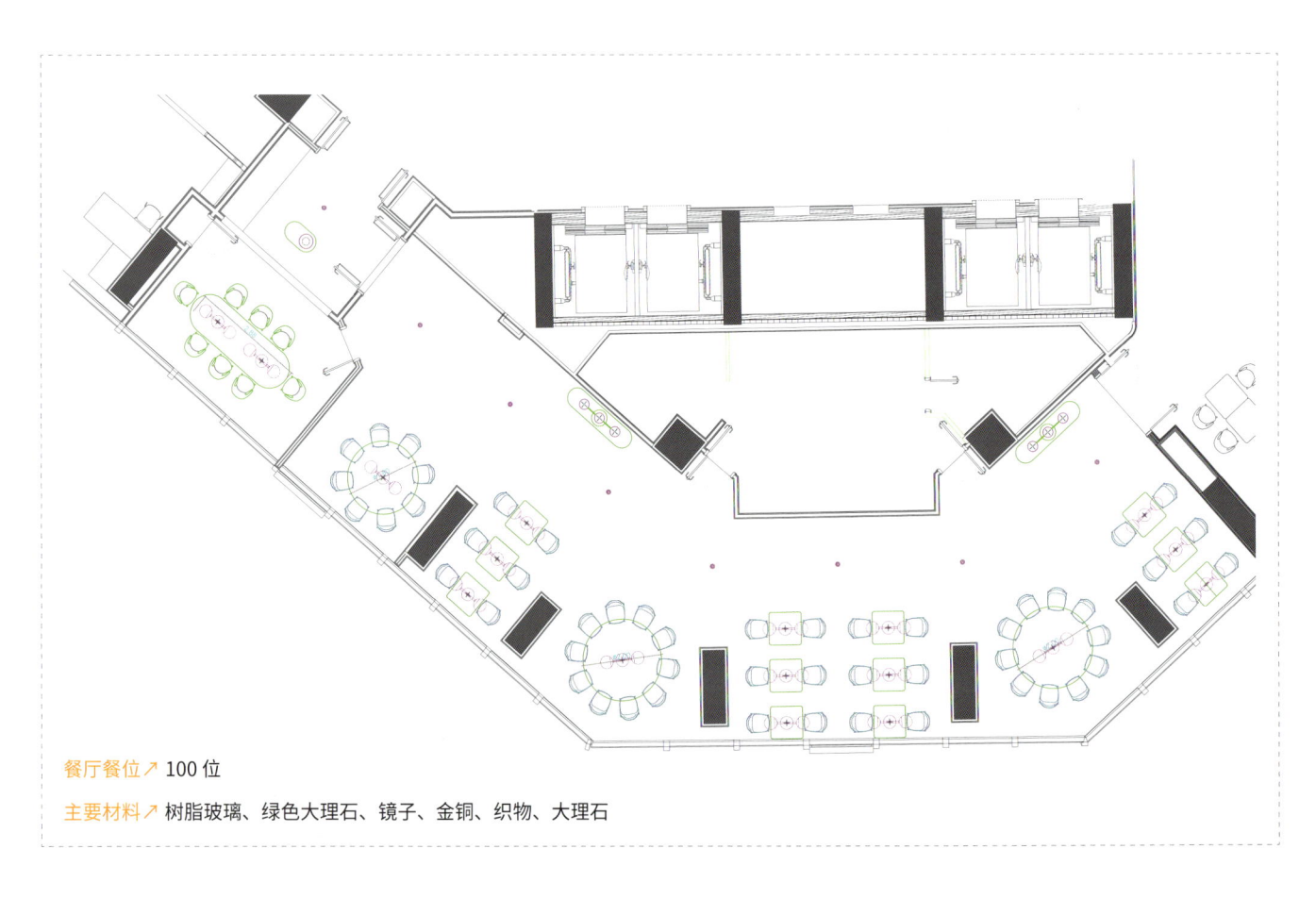

主要材料↗ 树脂玻璃、绿色大理石、镜子、金铜、织物、大理石

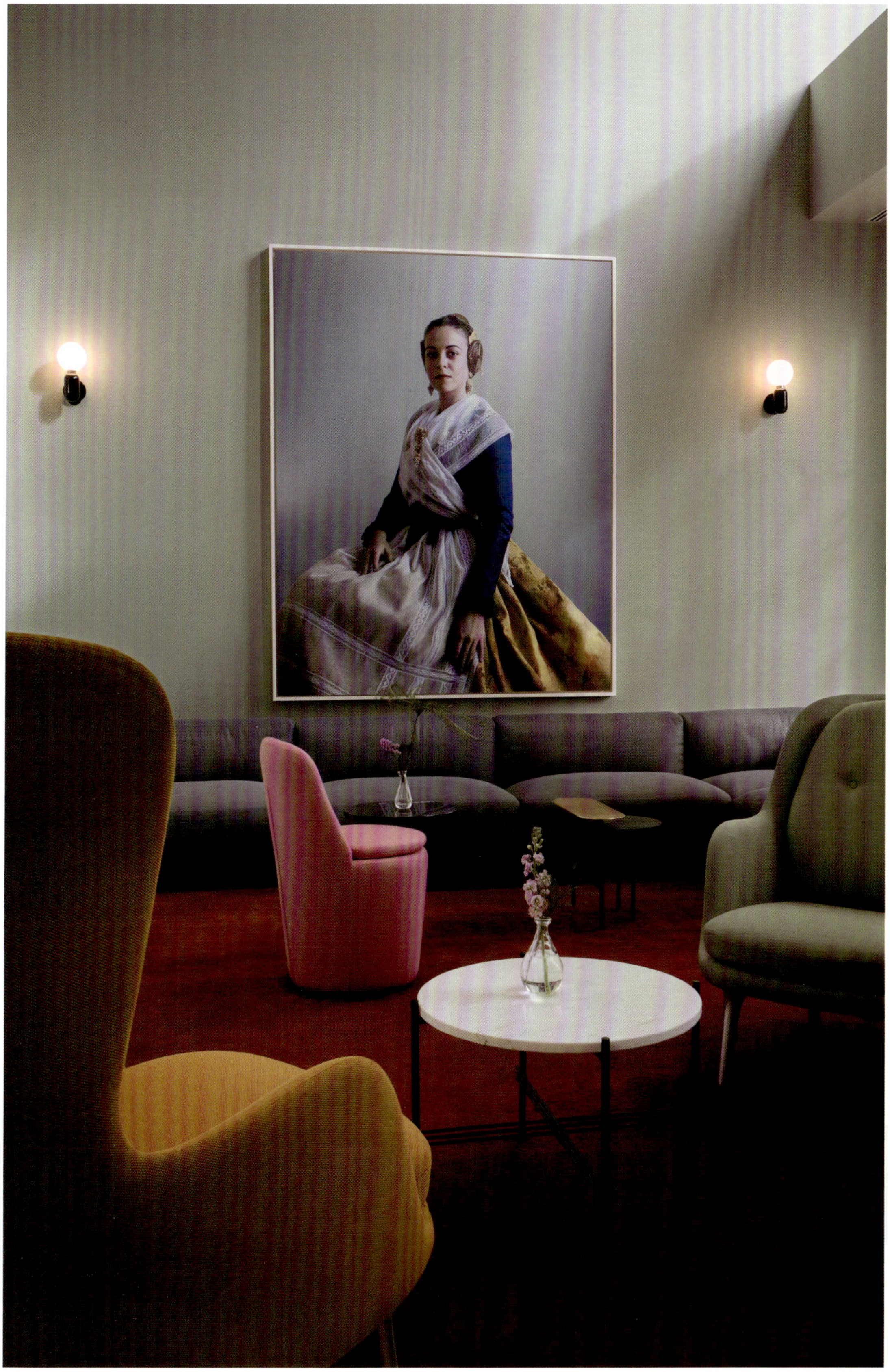

品牌主色调

R 255 G 221 B 53	R 162 G 79 B 86
C 0 M 4 Y 95 K 0	C 10 M 84 Y 52 K 16
PANTONE 108 U	PANTONE 704 U

R 245 G 199 B 184	R 201 G 220 B 172
C 0 M 20 Y 20 K 0	C 18 M 1 Y 31 K 0
PANTONE 489 U	PANTONE 580 U

| R 52 G 110 B 106 |
| C 97 M 7 Y 55 K 25 |
| PANTONE 3292 U |

　　我们是 Jaime Hayon 的粉丝，非常认同他富有创造性和艺术性的设计哲学。我们也喜欢在作品中突发奇想地运用各种视觉媒介，这与 Jaime Hayon 的做法一样，他的作品试图消除艺术与装饰品、设计之间的边界。所以这一次，我们选择适应 Jaime Hayon 的工作方式，在原有空间设计的基础上，设想一个像他这样的设计师，会如何为这个餐厅空间设计一个品牌识别系统。

　　我们需保证餐厅内的一切设计都必须做到和谐统一，具体来说，就是得与 Jaime Hayon 挑选的装饰性作品相协调，这样对马德里巴塞罗托雷酒店来说才有意义。品牌设计的每一个部分都尽可能地对餐厅内的装饰品而言，有重要的存在价值。

218

219

与此同时，我们必须大胆创新，让 SOMOS 在马德里众多时尚餐厅中脱颖而出。最终，我们品牌设计的灵感取自马德里这座旅游城市的特殊属性。尽管马德里对游客来说是一座热情的城市，但它给人的感觉其实是时常变化的，这取决于在一天的什么时候看它：白天它是这样，到了黑夜又是另一个模样。

因此，我们想到了通过 SOMOS 餐厅在日间和夜间的餐饮服务，为餐厅植入两种不同的品牌调性"SOMOS Day"和"SOMOS Night"，让 SOMOS 成为这座城市第一家拥有双重品牌调性的餐厅。在 SOMOS Day，也就是餐厅日间时，客人可以享用到传统的西班牙美食，也就是最马德里的炖菜；到了 SOMOS Night，也就是餐厅夜间时，菜单上的菜式则变得更贴近孕育马德里夜晚的异国文化口味，此时中国、日本、秘鲁、中东国家等菜系便纷至沓来。这样独特的分割，让 SOMOS 的日间和夜间显得独立又特别，让游客能够更加充分体验马德里的不同魅力。

日间阳光充盈的"SOMOS Day"调性

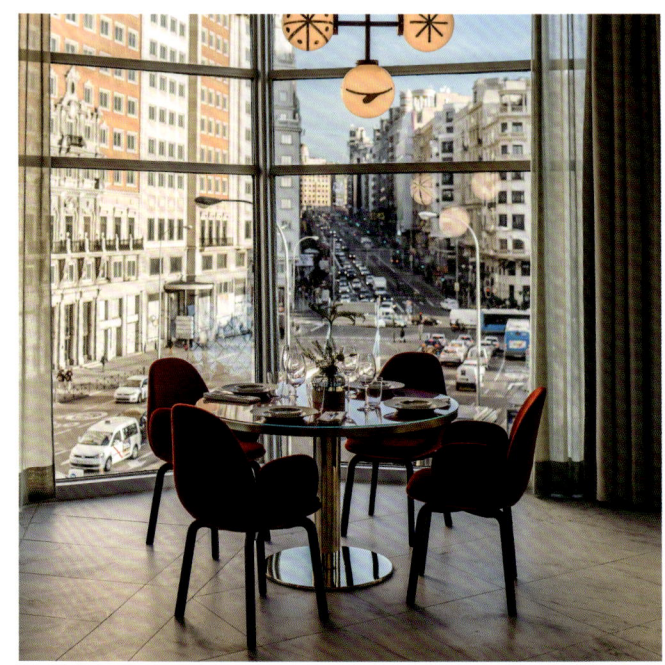

傍晚落日余晖后开始进入夜间的"SOMOS Night"调性

对话设计师——

人气餐饮品牌设计 Q&A

Question 01 在社交网络背景下，餐饮品牌的营销面临着怎样的挑战？

Cyril Dosnon（平面设计师 & 艺术指导）

在餐饮品牌中，食物是最吸引人的元素之一。如果食物没有特色、不引人注目，那么呈现得体的品牌照片就成了一件值得讲究的事情。对于 Bànội 这样的餐厅来说，小巧的规模和亲密的氛围是它的优势，所以它的品牌传达必须是细腻而雅致，避免给人留下一种快餐品牌的印象。另一方面，餐饮品牌设计面临的最大挑战在于创造一个开放性的"世界"，我们可以在其中不断增添新的元素展现给客人，以便能够维持他们对品牌的兴趣。

Hue Studio（品牌工作室）

在互联网时代，似乎品牌营销的创意比以前更容易抄袭或被抄袭，因为这些创意在各大搜索引擎上轻易就能找到。所以挑战总是在于创作出有新意、新鲜的设计，然后说服客户接受这样的设计概念。

KICK IN DESIGN（餐饮设计工作室）

在大多数小品牌没有大量资源营销宣传，以及没有长时间等待口碑扩散的限制下，优化每一个客人的体验并妥善运用自媒体的影响力，变成了现在每个餐饮品牌必须积极面对的课题。

Kinda Ghannoum（品牌设计师）

我认为在当今的世界，品牌营销和设计变得比以前更加难以脱颖而出。以前，餐饮公司只是与当地的同行进行竞争，现在他们发现必须与全世界的同行竞争才行。

大象设计（整合公司）

早期的餐饮品牌，仅凭食物的美味就能使口碑行销传遍千里。现今是社交网络时代，消费群众几乎都有拍照上传的习惯，食物除了口味的美之外，更被重视视觉的美，除了摆盘等餐饮必需的专业外，餐厅的视觉、菜单、空间和用餐氛围，无一不是能加分的元素，品牌设计也因此达到史无前例的重要。因为在每个消费者的社交网络上，都有几百甚至几千几万的潜在客户，而视觉就是这些网络的唯一媒介。

The Lab Saigon（创意机构）

挑战就是在社交媒体上保持人气的同时，忠实于你的品牌、产品和品牌故事。在不断地推送过程中，如何在 Instagram 上保持品牌的新鲜感。

YUDIN DESIGN（设计工作室）

在如今的社交网络时代，我们必须尽全力展现自己所有的创意和作品，试着吸引大量感兴趣的观众。

两只老虎（设计工作室）

社交网络时代下，流行的话题变化很快速，消费者也更大胆尝试新的品牌或产品，好比前阵子在台湾红极一时的黑糖珍奶店后，相似的饮料店不断冒出。要如何在过剩的市场中让品牌留在消费者心中，以及让消费者对品牌产生忠诚度变得更不容易。另一方面，网络媒体的传播速度广泛且快速，品牌的经营与服务如有不满足消费者之处，负面评价在很短的时间就会传开，甚至面临集体抵制和围攻，对品牌形象是很大的扣分。

Kissmiklos（设计师 & 视觉艺术家）

社交网络的好处是我们能比以前接触到更多的客人，品牌的名声也比以前传播得更远。如今通过网络，我们可以看到更多有天赋的设计师和更多好看、精明的品牌，同时，这也加速了竞争环境的激烈程度。当品牌经营失败时，挫败感也会比以前大得多。

Kommunikat（品牌工作室）

从过往的经验中，我们认识到，当开始进行品牌设计时，需要考虑到作品在网络传播中的表现情况。社交媒体和网络营销要求我们以一种更加开阔的视角来思考版式、色彩和 Logo 的设计。当然，设计还是要取决于品牌具体的运营情况，实际上很多品牌并没有开展网络营销。

Eslam Mohamed（餐饮设计师）

确实，如今的社交网络让餐饮品牌的设计变得越来越具有挑战性。这就是为什么我花大量的时间为餐厅挑选那些最容易被忽视的细节，并认真思考如何让餐厅的品牌脱颖而出。我总是相信细节才是至关重要的。所以具体到餐盘、汤匙、叉子的设计，以及食物的呈现方式对品牌设计来说都是很重要的。还有餐厅环境氛围的营造，从门把、桌子、椅子、墙面，到服务员的穿着等，都必须精挑细选。家具必须是舒适的，而不仅仅是看起来时尚。色彩的选择也是如此。对于每一家新餐厅来说，都必须要有与其他餐厅不一样的特色，并把它彰显出来。

Marka Collective（品牌工作室）

这个时代的竞争异常巨大，人们看厌了各种餐饮品牌。因此，不论是设计餐饮品牌或其他品牌，对于我们来说都是一种挑战。当然，每一个项目都是不同的，但是它们都有一个最普遍存在的巨大挑战，就是创造一个与众不同且持续吸引人的品牌识别系统。

Rongbrand 容品牌（品牌策划公司）

在社交网络不断迭代多变的今天，大家都挤破头去研究"变化"的东西，而我们研究的却是"不变"的东西，我们的方法是"返本开新、文化认同、老戏新唱"。文化认同是我们每个人骨子里的安全感，是我们内心深处潜藏的共鸣，是不变的东西。一个文化认同感产生共鸣的餐饮店铺，本身就具有广告效应，能激发顾客在朋友圈自发传播，节约了传播成本。也就是说，在社交网络背景下，品牌被消费的前提一定是引起共鸣，而引起共鸣的方式是什么？是"不变应万变"还是"万变追万变"，这是品牌应该审视的问题。

Oscar Bastidas（品牌设计师 & 艺术指导）

我总是喜欢看到我的作品以印刷品或其他实物制作的方式呈现在一个真实的地方。我认为那种通过各种细节的展示而让人沉浸在充满故事氛围的环境中，这种实体体验带来的感受是积极深刻的，也是无法被轻易取代的。作为设计师，今天我们需要让自己的作品适用于不同的网络平台，这些平台因技术的迭代更新而不断快速变化。但是我们需要看到一点，这些平台只是我们为品牌创造的故事的延伸。我们的"视觉故事"还是需要保持统一，毕竟变化的仅仅是那块呈现视觉的"画布"。

在社交网络时代，设计一个成功的餐饮品牌最重要的是什么？
Question 02

大象设计（整合公司）

必须先去寻找这个餐饮品牌赖以为生的最大价值，虽然饮食是一个很好为大众所理解的东西，但是如果餐饮品牌缺少文化内涵，就会跟普通的小吃店一样。最重要的是深掘餐饮品牌的文化精神，借由文化基础建构出来的品牌形象才有更深刻的经验可以展现。而进行品牌设计时，让视觉空间统一，也是为了不让餐饮品牌的方向走味，才能进行一连串的整合与沟通。要做出很美的品牌设计不是难事，但我们认为将饮食文化透过设计手法深化才是对该品牌最有帮助的事情。

YUDIN DESIGN（设计工作室）

最重要的是品牌可辨认性，且易于被潜在的消费者理解；品牌理念传达给特定消费者；餐厅营造出舒服、干净、时尚、可感知的氛围。

Rongbrand 容品牌（品牌策划公司）

在我们看来，无论什么时代，成功的餐饮品牌都是经久不衰的。你是谁？你从哪里来？要到哪里去？明确这三个问题，就是明确了一个餐饮品牌被需要和被喜欢的理由。

Cyril Dosnon（平面设计师 & 艺术指导）

互联网充满了竞争，因此拥有一种识别性高和深刻的审美，就成为餐饮品牌的主要目标。食物在其中的作用尤为重要，餐饮品牌需要找到种种方法，让品牌的理念生动地体现在食物的照片中，可以通过食物与家具的搭配以及色彩、图案、拍摄角度的选择来达到，但要做到令人满意的程度很难。

Human（品牌机构）

进行餐饮品牌设计时，最重要的是要考虑到设计应用的实物之后会在什么设备上输出，以及输出的效果。今天，一个品牌必须要有创新的思维，为数字世界做好准备。在 Human，我们相信一个品牌不仅仅止于一个 Logo，它应该是品牌应用、主色调、字体、图像、辅助性纹理和声音的集合体。正是这些组成了一个品牌。必须让品牌设计的方案变得更加完整和有力量，以便应用到任何空间、形式或背景中。

The Lab Saigon（创意机构）

有一点很重要，就是餐饮品牌不仅需要在 Instagram 上展示出自己好看且与众不同的一面，更重要的是需要利用一切机会去呈现自身品牌的理念。在 Instagram 上，人们花一秒钟就能扩散品牌的优势和缺点。如果你的咖啡馆体现了所在社区的特色，就要保证咖啡馆有一些公共空间与社区进行互动。如果你的餐厅倡导环境的可持续发展，就不要出现塑料餐具。

Kinda Ghannoum（品牌设计师）

社交媒体是当今世界发展最快的行业之一，通过它可以极大地促进顾客群体对餐厅的忠诚度。就此而言，设计餐饮品牌最重要的就是保持设计的统一性。制订计划以确保品牌识别系统在每一个网络平台都保持统一。举例来说，如果 Logo 在菜单和社交网站上不一样，顾客就会产生困惑。所以，统一性是非常关键的。

Ele&Uve（品牌工作室）

在几乎所有接手的餐饮项目中，我们都会面对两个难点：

1. 大多数我们的对接人或客户，都没有关于视觉艺术和品牌文化的知识储备，所以他们有时很难理解我们为什么那样设计，或是我们很难跟他们解释"必须这样设计"或"很多餐厅已经有类似的设计"。主要的沟通障碍体现在他们不愿意创新或不理解基本的设计原则，这导致我们的作品无法达到我们想要的效果。

2. 很多客户沉迷于当下的时尚潮流而被带偏（虽然我们也很喜欢时尚），不愿意创造出经得起时间考验、有创意的餐饮品牌，几乎每三年就需要重新进行一次品牌设计。这些餐厅看上去都一样：雷同的烹饪理念、空间装饰、食物、菜单等。

因此对我们来说，在这个社交网络时代，成功的餐饮品牌最重要的是其差异性。餐厅需要先有一个独特的餐饮创意，也就是一个强有力的烹饪理念，然后其余方面才跟着这个理念创造出来：空间设计、平面设计、Logo 等。

KICK IN DESIGN（餐饮设计工作室）

如今资讯爆炸，人们注意力有限。渴望打造吸睛品牌、操作话题已经是人人都在做的事；聚焦产品利益点、精准沟通、感动人心的营销方式也有很多成功案例可以借鉴。但是要成为"成功"的餐饮品牌，而不是昙花一现的流行品牌，我们认为一个扎实的运营团队才是一个餐饮品牌的根本。除了对产品本身的热情和坚持，团队还必须维持品牌的创新能力、好奇心以及快速应变能力，这样才能长期保持其竞争优势。

Kommunikat（品牌工作室）

最重要的是保持统一的品牌设计调性，并在线上和线下拥有强大的传播能力。这意味着要设计出在所有媒体中都行之有效的品牌识别系统。换句话说，所有的品牌设计在纸质印刷上，以及社交媒体或 Google 广告的发布上有统一的视觉效果，并且传达出一致的信息。

Eslam Mohamed（餐饮设计师）

创造一个成功的餐饮品牌，对设计师来说是一项艰辛的工作，最终完成的品牌必须反映出这点。设计师需要明确餐厅品牌定位，并以此进行深入的品牌策略探究。进一步说，餐饮品牌的成功在于品牌的设计必须符合餐厅美食所属的文化，餐厅的环境氛围营造出的印象也必须如此。Amara 餐厅最终的呈现效果就是这样。

两只老虎（设计工作室）

在任何时代、任何领域，单纯追寻潮流的品牌与设计都是危险的，众多餐厅在热潮过后销声匿迹，甚至倒闭。也许这也是当代速食文化之下所形成的消费模式。不过，我们倾向于走长久的路，我们的客户也都有这样的共识。

设计一个品牌，我们会从消费者的角度来思考行业调性与品牌独特点。例如：我们会被什么样的店吸引？什么样的店会在我们心中留下好的印象？是否回访、是否分享？原因何在？餐厅创始人后续和消费者的沟通也很重要，将品牌的个性、价值观搭配品牌视觉持续传递，让消费者不断产生情感共鸣，才可能达到设计的最大效益。

Kissmiklos（设计师 & 视觉艺术家）

咖啡馆或餐厅吸引人们前来光顾的原因，首先在于其有趣、引人注目的室内空间。人们在社交网络看到一个新地方的很多照片后，就会想去亲眼见识一下。因此，一个餐饮品牌必须找到自己的视觉语言来匹配它的餐饮环境。此外，在有了适合的品牌识别系统后，服务的质量也要过硬。

Andon Design Daily Co.,Ltd.（品牌工作室）

Umeno Café 餐厅会在每一个重要的社交网络平台上拉近与消费者的距离，比如 Facebook 和 Instagram。这体现了品牌的知名度在当今世界特别需要通过网络平台去传播。对于 Umeno Café，其品牌识别系统让它获得了更多的关注。

Canape Agency（餐饮设计工作室）

有一点很重要：如何统一品牌识别系统的所有元素来讲述同一个故事，并将品牌的理念进行视觉化。这样才能让品牌每一个元素保持一定的独立性，同时又是归属于一个大的品牌调性之下。

Marka Collective（品牌工作室）

相比以前，现在很难看到有创意的品牌了，所以最重要的是创造出既大胆又极好地服务于品牌的设计。

BIENAL（艺术设计工作室）

我们想要品牌通过其社交媒体账号，以数字化的方式呈现实体店在真实生活中的品牌故事，这样才能让品牌在社交网络上得到成功的传播。

Oscar Bastidas（品牌设计师 & 艺术指导）

最重要的是创意。你需要有一个清晰、站得住脚的创意作为设计的起点。当中所需的挑战是创造出一种数字化体验，来模拟坐在餐厅里的感受。

Futura（品牌工作室）

设计师需要慎重考虑设计对环境的影响。这就是为什么作为设计工作室，我们会有环保意识，灵活采取节省资源的方法，优化资源使用率、限制浪费以及尽可能采用环保印刷的材料。

Question 03

如何帮助客户通过社交媒体和官网进行品牌营销?

Andon Design Daily Co.,Ltd.（品牌工作室）

Umeno Café 餐厅有一个清晰易懂的品牌识别系统，来匹配它的消费者群体——普通家庭和青少年。品牌的视觉设计在餐厅的食物照片和室内空间中都有体现，传达了一种温馨、轻松、当代的生活方式，让客人就像置身家中与家人一起就餐一样。不仅如此，品牌设计的各种元素也融入以卡通兔子为主角的故事插画中，这有助于餐厅在社交网络上与客人的互动。当然，餐厅与客人的线上互动也需要其持续更新有创意的内容，特别是设计方面的更新，这也是如今餐饮品牌营销的一个重点。

Canape Agency（餐饮设计工作室）

Roll Club 餐厅在品牌设计更新完成后，也在品牌营销中加入了他们的企业文化元素。作为设计工作室，我们总是与餐厅的运营团队保持联系，并随时提供意见。如今，我们在为 Roll Club 的一则广告进行设计，相信未来会与它有更多的合作。

Human（品牌机构）

在 Human 设计哲学中，我们始终牢记客户品牌的个性和餐饮理念，为客户量身定制出一个令人印象深刻的设计概念，从而创造出对客户来说至关重要的设计方案。这个设计概念不仅成为客户品牌的核心，更体现在品牌的平面设计应用中。我们不仅把品牌设计应用在各种印刷品和数字化图像视频中，也为客户制作了一本关于品牌设计应用的参考手册，帮助他们了解品牌设计在营销中如何应用。有时如果客户需要，我们也会基于客户的餐饮愿景，为他们的品牌营销提供意见。

Studio Hekla（设计工作室）

当一个项目完成时，我们会找职业摄影师进行一次对餐厅的拍摄。每一张照片都会发到客户那里，方便他们在互联网和社交媒体上宣传自己的餐厅和品牌。我们也会适当地调整餐厅的品牌识别系统，以此为餐厅提供关于视觉设计元素的资料库，这样餐厅社交账号的运营人就可以用它们编辑推送的内容。这就是为什么品牌识别系统对于现在的餐饮品牌而言是非常必要的。有时我们也会为餐厅某一个特殊活动设计特定的品牌视觉物料，比如餐厅在社交网络上推广新的菜式、发起互动游戏、圣诞节、万圣节的活动等。

索引

- **Andon Design Daily Co.,Ltd**
  www.andondesigndaily.com

- **BIENAL**
  bienal.mx

- **Canape Agency**
  behance.net/canapeagency

- **Cyril Dosnon**
  www.cyrildosnon.com

- **大象设计**
  elephantdesign.tw

- **Ele&Uve**
  www.eleyuve.com

- **Eslam Mohamed**
  behance.net/eslammohamedph

- **Futura**
  byfutura.com

- **Hue Studio**
  www.huestudio.com.au

- **Human**
  byhuman.mx

- **KICK IN DESIGN**
  kickindesign.com

- **Kinda Ghannoum**
  behance.net/kindaghannoum

- **kissmiklos**
  kissmiklos.com

- **Kommunikat**
  behance.net/kommunikat

- **两只老虎**
  www.2tigersdesign.com

- **Marka Collective**
  markacollective.com

- **Oscar Bastidas**
  oscarbastidas.com

- **Rongbrand 容品牌**
  www.rongbrand.com

- **Studio Hekla**
  www.studiohekla.com

- **The Lab Saigon**
  thelabsaigon.com

- **YUDIN Design**
  www.yudindesign.com

致谢

仅此衷心感谢所有为本书提供作品的设计师,以及为本书提供宝贵意见的专业人士。也诚挚感谢参与本书制作的编辑、设计师及相关工作人员,他们的辛勤工作让本书得以顺利出版。

亲爱的读者,感谢您购买《视觉饕餮:高人气餐厅设计实战指南》,如果您对本书的编辑与设计有任何意见,欢迎您的来信。

我们的邮箱地址是:info@hightone.hk